가르치는 전략과 효과적인 교수법

Teaching Strategies & Effective Instruction

가르치는 **전략**과
효과적인 **교수법**

초판 1쇄	2015년 02월 01일
2쇄	2020년 09월 28일
지은이	이종호
발행인	김재홍
발행처	도서출판지식공감
등록번호	제2019-000164호
디자인	박상아, 고은비
교정·교열	안리라
마케팅	이연실
주소	서울특별시 영등포구 경인로82길 3-4 센터플러스 1117호 (문래동1가)
전화	02-3141-2700
팩스	02-322-3089
홈페이지	www.bookdaum.com
이메일	bookon@daum.net
ISBN	979-11-5622-069-5 13370

저작권자 ⓒ 이종호 2015, Printed in Korea.

- 이 책은 저작권법에 따라 보호받는 저작물이므로 무단전재와 무단복제를 금지하며, 이 책 내용의 전부 또는 일부를 이용하려면 반드시 저작권자와 도서출판 지식공감의 서면 동의를 받아야 합니다.
- 저자와의 협의하에 인지는 생략합니다.
- 책값은 뒷표지에 있습니다.
- 파본이나 잘못된 책은 구입처에서 교환해 드립니다.
- '지식공감 지식기부실천' 도서출판 지식공감은 창립일로부터 모든 발행 도서의 2%를 '지식기부 실천'으로 조성하여 전국 중·고등학교 도서관에 기부를 실천합니다. 도서출판 지식공감의 모든 발행 도서는 2%의 기부실천을 계속할 것입니다.

이 도서의 국립중앙도서관 출판예정도서목록(CIP)은 서지정보유통지원시스템 홈페이지(http://seoji.nl.go.kr)와 국가자료공동목록시스템(http://www.nl.go.kr/kolisnet)에서 이용하실 수 있습니다.
(CIP제어번호 : CIP2015001625)

가르치는 전략과

Teaching Strategies & Effective Instruction

효과적인 교수법

이종호 지음

지식공감

"Students don't care how much
you know until they know how much you care."

— Anonymous

조건 없는 사랑의 기준이신

나의 영원한 지지자 아버지와 어머니께

대한민국 교육기본법에 의하면…

- 교수자는 인격을 갈고 닦을 수 있도록 학생들을 가르쳐야 하는 책임이 있다.

- 교수자는 성별, 종교, 신념, 인종, 사회적 신분, 경제적 지위 또는 신체적 조건 등을 이유로 학생들을 차별하면 안 된다.

- 교수자는 정치적·파당적 또는 개인적 편견을 전파하기 위한 방편으로 교육을 이용하면 안 된다.

- 교수자는 창의력 계발 및 인성 함양을 포함한 전인적 교육을 중시해야 한다.

- 교수자는 학생들의 능력이 최대한 발휘될 수 있도록 교육내용, 교육방법, 교육교재를 마련하고 학생들의 인격과 개성을 중시·존중해야 한다.

- 교수자는 교육자로서 갖추어야 할 품성과 자질을 향상시키기 위해 노력해야 한다.

- 교수자는 교육자로서의 윤리 의식을 확립하고, 이를 바탕으로 학생들에게 학습윤리를 지도하고 지식을 습득하게 하며, 학생 개개인의 적성을 계발할 수 있도록 노력해야 한다.

- 교수자는 교육 내용을 학생들에게 미리 공개해야 한다.

PROLOGUE

사회는 끊임없이 변화하고 있다. 지금은 변화를 정확하게 예측하고 능동적으로 대처하는 개인과 조직이 앞서 나갈 수 있는 무한 경쟁시대이다. 대·내외적으로 대학을 둘러싼 급속한 환경 변화(학령인구 감소, 정원 감축 및 대학구조 개혁 요구, 반값 등록금, 성과 보수제)가 감지되고 있다. 대학들은 지속적인 제도 개선을 통해 양적 성장뿐만 아니라, 질적 내실화를 위해 고군분투하고 있다. 대·내외 환경 변화에 보다 능동적으로 대응해야만 살아남기 때문이다. 잘 가르치는 학교가 되기 위해 구조조정을 통해 체질을 개선하고, 세계 유수 학교들과 경쟁하기 위해 우수한 교수자와 학생들을 신중하게 선발하고, 많은 고민을 통해 양질의 교육 프로그램을 운영·개선하는 피나는 노력을 하고 있다. 전에 해오던 방식에서 과감히 탈피하고, 새롭고 혁신적인 방법을 도입하고, 편안함을 추구하기보다 높은 리스크Risk를 감수하며 시대가 요구하고 필요로 하는 것들에 귀를 기울이며 대안을 마련하고 있다.

학습 환경도 변화하고 있다. 예전에 가르치던 방식이 더 이상 효과적이지 않다. 학생들도 달라졌다. 예전에는 학생들이 모르는 것이 있으면 교수자에게 물어보았지만 요즘은 인터넷 검색으로 원하는 답을 쉽게 얻는다. 디지털기기들이 교수자의 역할을 대신해 주고 있는 것이다. 단편적이고 산발적인 정보 습득에 익숙해진 디지털 세대 학생들은 재미를 추구하고 즉각적인 피드백과 보상을 원한다. 교수자는 끊임없이 변화하는 학습환경에 대처하기 위해 자신의 교수법을 다시 한 번 생각해 봐야 한다. 최전방에서 교육을 담당하고 있는 교수자 당신은 이런 변화에 어떻게 대처하고 어떤 준비하고 있는가? 어떤 철학을 가지고 교육자로서의 길을 걷고 있는가? 좋은 대학에서 박사 학위를 받고 훌륭한 논문을 많이 쓰며, 업적 평가, 강의 평가에서 높은 점수를 받으면 위대한 교육자라 말할 수 있는가? 수많은 길 중에 당신이 교육자의 길을 (무한한 책임감과 사랑이 필요한) 걸으려 하는 진정한 이유는 무엇인가? 당신은 교육할 자격과 준비가 되어 있는가? 남을 가르친다는 것이 당신에게 어떤 의미로 다가오는가?

  교수자는 자신의 노력, 사랑, 열정, 그리고 정성으로 무럭무럭 자라나는 학생들의 모습을 바라보며 말로 표현하기엔 부족한 큰 보람과 희열을 느낀다. 교수자가 학생들의 인생의 긴 여정에 큰 영향을 미친다는 것을 부인할 사람은 많지 않을 것이다. 그 영향을 긍정적으로 만들고 살아있는 교육활동을 하기 위해 교수자들은 어떤 고민과 준비를 해야 할까? 이 책이 교육을 담당하고 있는 당신에게 깊이 고민하는 시간을 가져다 주는 계기가 되면 좋겠다. 또한 이 책으로 인하여 효과적으로 가르치고 전달 할 수 있는 당신의 실천적 교수 역량이 조금이나마 강화되면 좋겠다. 학생들이 정말 사람답게 그리고 멋진 인생을 살 수 있도록 그 가능성의 문을 활짝 열어주는 것이야 말로 진정한 교수자의 역할이 아닐까 생각해 보며, 막중한 책임감에서 단 한순간도 자유로워질 수 없는 당신에게 진심 어린 응원을 보내고 당신의 여정에 축복이 가득하길 기도한다.

CONTENTS

8 PROLOGUE

PART ONE 교수법 터 닦기

19 교수자의 기본 조건

21 우수한 교수자의 특성

27 자기성찰을 기본으로 한
    티칭 스테이트먼트 Teaching Statement

30 교수자의 페르소나 Persona

34 교수자는 슈퍼맨?

36 교수자에 대한 진정한 평가 기준

39 동료 평가 활용

44 교수자의 파워

46 완벽함 Perfection 보다는 우수함 Excellence 을

47 추측 세트 Set

52 다양성의 이해와 존중

56 말하기 능력

68 의사소통

CONTENTS

PART TWO 교수법 도구상자

- 77 강의계획서
- 87 첫 수업과 소속감
- 90 소속감을 높이는 자기소개 시간
- 92 자리 배치의 기능
- 96 라포르Rapport 형성
- 100 사고 과정 자체를 고찰하는 능력
- 107 문제 행동
- 113 갈등 방지와 해결
- 122 학생 상담
- 126 1학년 학생
- 129 루브릭을 활용한 평가
- 131 자기주도적 학습
- 134 질문
- 140 답

143 적극적 학습으로의 초대

151 피드백Feedback

154 효과적인 강의식 교수법

167 효과적인 토론 수업

177 책 읽기 지도

183 온라인Online 수업

196 수업과 연계된 봉사활동

198 깊이 있는 학습

202 직접 교수법으로부터 탈출

204 효과적인 팀 프로젝트

207 팀 기반 학습Team Based Learning

208 지도교수님

209 기억에 남는 교수자

210 EPILOGUE

215 대한민국 교육기본법

PART ONE
교수법 터 닦기

교수자의 기본 조건

우수한 교수자의 특성

자기성찰을 기본으로 한 티칭 스테이트먼트(Teaching Statement)

교수자의 페르소나(Persona)

교수자는 슈퍼맨?

교수자에 대한 진정한 평가 기준

동료 평가 활용

교수자의 파워

완벽함(Perfection)보다는 우수함(Excellence)을

추측 세트(Set)

다양성의 이해와 존중

말하기 능력

의사소통

교수자의 기본 조건

"Children will not remember you for the material things
you provided but for the feeling that you cherished them."
— Richard L. Evans

　무엇이 위대한 교수자를 만들까? 학생들 마음속 깊은 곳에 오랫동안 기억되는 교수자는 무엇이 어떻게 다를까? 아마도 '교수자가 무엇을 하고 있는가'보다 중요한 것은 '교수자가 무엇을 이해하고 있는가'일 것이다. 강의계획서 작성하기, 훌륭한 학습 목표 설정하기, 깊이 있는 강의 노트와 수업 관련 자료 마련하기와 같이 기본적인 테크닉부터 학생들을 집중시키고, 도전하게 만들고, 열정적인 응답을 이끌어 내는 교수자의 특별한 방법들도 중요하지만 교육은 중요하고, 모든 학생들이 가르치는 만큼 배울 수 있다는 사실을 온몸으로 이해하고 실천하는 교수자만이 학생들의 가슴속에 또한 그들의 삶 속에 오랫동안 영향력을 미친다.
　"나는 해마다 지속적으로 성장하여 더 좋은 교수자가로 변화해 가고 있는가?", "나는 열린 마음과 태도로 새로운 교수법을 배우고 새롭게 배운 내용을 나의 수업에 실제로 활용하고 적용하기 위해 얼마나 많은 노력과 시간을 투자하는가?" 교수자 모두가 베스트 티쳐Best Teacher로 선정 될 수는 없지만 더 나은 교수자로 변화는 얼마든지 가능하다. 현실에 안주하며 강단에 서 있는 건 아닌지, 매너리즘Mannerism에 빠져 새로운 변화 추구를 부담스러워하는 건 아닌지 돌아보는 것은 우수한 교수자가 되기 위한 필수 조건이다.

 지금의 위치에 오르기까지 교수자는 태어날 때부터 어느 정도 높은 수준의 학습능력과 탤런트Talent를 가지고 태어났다고 볼 수 있기 때문에 자신의 의지와 결단에 의해 얼마든지 더욱 효과적인 교수자로 변화가 가능하다. 교육에 열정이 많은 교수자들은 교수법 향상을 위해 많은 노력을 기울이고 있다. 다양한 워크숍에 참여하고, 수업 전문가의 컨설팅을 받으며, 교수법 관련 책을 접하며 새로운 아이디어를 얻는다. 새롭게 습득한 아이디어를 자신의 수업에 알맞게 적용한다면 작지만 확실한 변화를 얻을 수 있다. 이런 결과는 교수자뿐만 아니라 학생들도 함께 느끼게 되어 수업에 긍정적인 효과를 가져다 준다.

우수한 교수자의 특성

"Kind words can be short and easy to speak,
but their echoes are endless."
― Mother Teresa

학생들에 대한 긍정적 태도

　모든 문제와 이슈의 원인을 반자동적으로 학생들에게 돌리는 교수자들이 생각보다 많다. 학생들이 수업에 흥미를 못 느끼는 것도, 강의 평가 점수가 낮게 나온 이유도, 학생들이 질문이 없는 것도, 학생들이 수업 시간에 자는 이유도, 학생들의 학습 의욕이 낮은 이유도, 시험 결과가 형편없는 이유도 모두 학생들의 문제로 여긴다. 그러나 정말 그런가? 학생들이 수업에 흥미를 못 느끼는 이유는 교수자의 수업이 흥미롭지 못하기 때문에 그런 건 아닐까? 강의 평가 점수가 낮게 나온 이유는 학생들이 아무 생각 없이 교수자를 평가해서 그런 것이 아니라 정말 교수자의 강의가 형편없어서 그런 건 아닐까? 질문이 없는 것은 학생들을 생각하게 만들지 못하고 아웃사이더Outsider로 만든 교수자가 이유 아닌가? 수업이 재미없고 효과적인 학습이 일어나지 않기에 수업 시간에 학생들이 자는 게 당연한 건 아닌가? 학습 의욕이 낮은 학생의 동기를 유발하는 것도 교수자가 해야 할 일 아닌가? 교수자의 능력이 학생들의 시험 결과로 반영되는 건 아닌가? 우수한 교수자는 문제의 원인을 학생들 탓으로 돌리지 않고 먼저 자기 자신을 점검하며 해결책을 찾는 사람이다.

강의 평가

학기가 끝나고 강의 평가를 신문기사 읽듯이 스캔Scan하지 말고 학생들이 좋아하는 점과 싫어하는 점을 면밀히 파악하여 다음 수업은 더욱 효과적인 수업이 될 수 있도록 준비하여야 한다. 우수한 교수자는 학생들의 학습 결과가 좋지 않으면 수업을 전반적으로 점검하고 정비하는 사람이다. 모든 걸 학생들 탓으로 돌리는 일은 옳지 않다.

학기 첫 시간

학기 첫날 수업을 일찍 끝내고 학생들을 돌려보내는 일이 없도록 주의해야 한다. 첫 단추를 잘 끼워야 한 학기를 성공적으로 시작하고 끝마칠 수 있기 때문이다. 우수한 교수자는 코스의 첫날부터 학생들을 매료시키고 장악한다. 수강하는 학생들을 개별적으로 또한 전체적으로 알기 위해 노력하고, 빅 퀘스천Big Question을 던짐으로써 학생들의 관심과 주의를 사로잡아 수업에 적극 참여시킨다.

학습 목표 설정

우수한 교수자는 학습자 중심으로 수업을 진행한다. 진도를 많이 나가는 것보다 더욱 중요한 것은 우수한 질적 학습이 가능하도록 목표를 세우고 가르치는 것이다. 학습 목표는 학생들의 사고방식과 학습 방법을 고려하여 세우는 것이 바람직하다.

학습활동

우수한 교수자는 일반적인 수업 방식(강의, 과제, 전체 토의)에서 벗어나 학생들이 어센틱Authentic한 과제, 소규모 공동 작업, 문헌 정보 찾기, 빅 퀘스천Big Question에 대한 답 찾기, 그리고 배운 내용의 성찰을 통하여 자유롭게 새로운 깨달음을 얻도록 다양하고 효과적인 학습활동의 기회를 제공하여 수업에 대한 높은 만족도를 끌어낸다.

학생들의 성향에 맞춘 응답

현재 학생들의 성향과 특성들을 파악하여 다양한 방법으로 수업에 변화를 주고, 개선이 필요한 부분을 계속 수정해 나간다. 학생들의 기본적인 지식과 학습 패턴, 그리고 코스에 거는 기대는 각 학기마다 다르기 때문에 우수한 교수자는 변화의 요구에 귀를 기울이고 효과적으로 대처한다.

좋은 평가 활동

우수한 교수자는 학생들에게 학점을 주기 위해서 평가하는 것이 아니라, 학습을 향상시키기 위해 평가를 한다. 좋은 평가 활동은 다음과 같다.

1. 학생들이 학습에 대해 주기적으로 자가 진단을 하도록 유도
2. 학생들의 결과물에 대한 건설적인 피드백 제공
3. 잘 개발된 루브릭을 사용하여 복잡한 프로젝트를 평가

학생들과의 교류

학기가 시작되면 교수자는 효과적인 학습이 일어나도록 소통과 교류를 통하여 학생들에게 힘을 실어주고 동기를 유발시켜야 한다. 그러기 위해서 우수한 교수자는 먼저 학생들을 진심으로 대하고 보살핀다. 학생들을 학생으로만 보는 것이 아니라 하나의 존귀하고 소중한 인간으로 보고 관심을 가지며, 그들이 진심으로 배우길 소망한다. 자신이 가르치는 것이 이 세상에서 가장 중요하고 재미있다고 여기는 교수자의 열정은 학생들에게 그대로 전달된다. 왜냐하면 이런 우수한 교수자의 이런 열정은 절대 감춰지지 않기 때문이다.

동기 유발 방법을 안다

1. 학생 자체를 칭찬하기보다 학생의 결과물을 칭찬한다.
2. 학생들의 말을 경청한다.

3. 학생 개인의 특성을 파악하여 동기를 유발시킨다.

| 역동적인 소통 능력 보유

 우수한 교수자는 리듬감 있고 극적인 대화가 가능하다. 대화를 통해 긍정적인 어떤 것을 보장하고 제시한다. 예를 들어 "이번 코스에서 여러분이 반드시 해야 할 일은 ~이다"라는 표현 대신 "코스를 마치고 나면 ~을 잘할 수 있게 될 것이다"라는 식의 표현을 사용한다. 또한 수업을 통해 힘이나 똑똑함을 보여주는 것이 아니라 학생들을 향한 무한한 기대와 믿음을 보여주고, 그러기 위해 많은 시간과 에너지를 투자한다. 가능하면 학생들에게 학습에 대한 결정을 스스로 내릴 수 있도록 힘을 실어주고 공평한 기준을 가지고 모든 학생들을 대해 준다.

1. 반복적으로 학생들에게 "할 수 있다"라는 믿음을 심어준다.
2. 학생들의 업적과 성취를 축하해 준다.
3. 따뜻한 말투로 스토리텔링 Storytelling을 한다.

관심사를 살펴보면 내가 어떤 사람인지 보인다

　당신의 관심사는 무엇인가? 새로 나온 전자제품, 베스트셀러, 최신 유행과 트렌드, 진로, 돈, 명예? 무작정 앞만 보고 뛰다가 지쳐있는 모습이 우리의 모습은 아닌지 점검해 봐야 할 필요가 있다. 최선을 다해 열심히 사는 것은 중요하다. 하지만 더 중요하고 우선시되어야 하는 것이 있다. 온전한 내가 누구인지 알아야 한다. 이 세상에서 제일 무서운 사람은 나를 정확히 알고 나를 믿는 사람이 아닐까? 당신의 관심사는 먼저 당신이어야 한다. "나" 자신을 발견해야만 한다. "나"를 안다면 백전백승이다. 두려울 것도 없다. "나"에게 더 많은 관심을 가지고 깊고 진솔한 질문을 던지며 "나"를 알아가는 것보다 더 소중한 것이 있을까?

- 내가 진실로 사랑한 것은 무엇인가?
- 나의 마음을 벅차게 하고 기쁘게 하는 것은 무엇인가?
- 나는 무엇에 몰입하는가?
- 내 안에 숨어있는 "나"는 누구인가?
- 인생의 의미를 찾기 위해 "나"는 지금 어떠한 질문들을 던져야 하는가?

자기성찰을 기본으로 한 티칭 스테이트먼트 Teaching Statement

"A good teacher, like a good entertainer first must hold his audience's attention, then he can teach his lesson."
— John Henrik Clarke

티칭 스테이트먼트는 다른 말로 교육 철학 스테이트먼트로 불리기도 하며 개인적인 교육 비전, 신조, 그리고 가치 등을 포함하고 있으며 교육할 때 교수자의 행동에 영향을 미치는 아이디어, 믿음, 그리고 명제가 표현되어 있다. 대부분 짧은 에세이 형식으로 쓰여져 있고 최상의 가르침과 배움, 전략, 방법, 개관적 목표에 대해 깊은 성찰을 필요로 한다. 그렇다면 교수자가 티칭 스테이트먼트를 가지고 있어야 하는 이유는 무엇인가? 티칭 스테이트먼트는 어떻게 교수자의 목적 달성에 도움을 주는가? 티칭 스테이트먼트의 세가지 중요한 역할은 다음과 같다.

- **개인적인 목적** : 내가 하고 있는 일을 하는 이유에 대한 명확한 그림으로서 위기 때 온전한 정신 상태와 사기 유지에 결정적인 역할을 한다.
- **직업적인 목적** : 교육자로서의 집단 정체성과 동료의식을 형성하여 교육자라는 직업의 강점을 부각시켜 준다.
- **교육적인 목적** : 교육이란 세상에 영향을 미쳐 긍정적인 변화를 유도하는 행위이다. 나의 가르침이 학생들과 그들의 삶에 어떤 영향

을 미칠 것인지 평가하는 질문을 가지게 되는 계기가 된다.

✔ 티칭 스테이트먼트 작성 전 명확히 답할 수 있어야 하는 질문들

- 나는 누구인가? 나의 역할은 무엇인가?
- 교육자로서 어떤 보람을 느끼고 어떤 보상을 바라는가?
- 내가 가지고 있는 효과적인 교육의 기준과 척도는 무엇인가?
- 나는 학생들과의 라포르Rapport를 어떻게 형성하는가?
- 내가 학생들에게 바라는 것은 무엇인가? 기대치는 어느 정도인가?
- 내가 교육에서 가장 가치 있고 중요하다고 생각하는 것은 무엇인가?
- 나는 학생들에게 무엇을 가르칠 것인가? 학생들이 나로부터 무엇을 배우기를 희망하는가?
- 나만의 고유한 교수법은 무엇인가? 교수법 향상 전략은?
- 나는 왜 가르치려고 하는가? 나에게 가르치는 일이 중요한 이유는?
- 내가 효과적인 교육을 하고 있다는 것을 무엇을 통해 알 수 있는가? 수업의 목표 달성 여부를 무엇을 가지고 어떻게 판단할 것 인가?
- 학생들의 강의 평가와 피드백을 어떻게 받아들이고 활용하여 나의 교수법을 향상시킬 것인가?

비교 의식은……

　마음 깊은 곳에 자리 잡고 있는 비교 의식……. 모든 바람이나 욕망들도 비교하는 마음에서 나오고, 질투나 자기 비하 또한 비교에서 나온다. 비교하는 마음만 놓아 버리면 이 자리에서 충분히 평화로울 수 있는데 말이다. 마음에서 어떤 분별심이 일어나고 판단이 일어났다면 그것은 대부분 비교에서 나오는 것이다. 지금 이 순간, 온전히 나 자신으로 서 있으면 거기에 그 어떤 비교나 판단이 붙지 않는다. 이름없는 "그들"보다 더 잘나고 싶고, 보다 더 아름답고 싶고, "그들"보다 더 잘살고 싶고, "그들"보다 더 행복하고 싶은 마음들……. 우리는 끊임없이 이름 없는 "그들"을 세워 놓고 "그들"과 비교하며 살아간다. 비교 우위를 마치 성공인 양, 행복인 양, 비교 열등을 마치 실패인 양, 불행인 양 느끼며 살아가지만, 비교 속의 행복은 지속 가능한 참된 행복이 아니다.

　비교 대상이 없이 행복 해야만 진정한 행복이 아닐까? 당신은 혼자서도 행복한가? "나" 자신만을 가지고 충분히 평화로운가? 지속 가능한 행복은 상대 행복이 아니라 절대 행복인 것이다. 비교 대상을 세우지 않고, 이름없는 "그들"보다 잘나지 않아도, "그들"을 닮을 필요도 없고, "그들"과 같이 되려고 애쓸 것도 없으며, "그들"처럼 되지 못했다고 부러워할 것도 없다. 지금 이 모습 이대로의 "나" 자신을 사랑하고 "나"다운 모습으로 살아간다면 행복이 시작되고 불행은 끝이 날 것이다. 내가 서있는 이 자리가 얼마나 귀중한지 알면 그만이다.

교수자의 페르소나 Persona

"I never teach my pupils. I only attempt to provide
the conditions in which they can learn."
— Albert Einstein

　어떤 스타일의 옷을 입고 어떤 스타일의 액세서리(목걸이, 가방, 시계, 브로치, 반지 등)를 활용하는지까지 교수자는 자기 자신을 세심하게 모니터링 해야 한다. 학생들은 교수자의 무의식적으로 반복되어 일어나는 습관적 행동을 접하게 되고 그러한 것들은 학습에 많은 영향을 미치게 된다. 예를 들어 강의 중 교수자의 말투는 중요하다. 귀에 쏙쏙 들어오는 매력적인 말투는 지루한 강의일지라도 집중을 유도하지만 사투리, 어눌한 발음, 올바르지 못한 습관 등은 집중하고자 하는 학생들에게 방해물로 다가갈 수 있다. 학생들은 당신을 보고 당신과의 상호작용을 통해 학습을 한다. 강의를 평생 해 온 경험 많은 교수자나 막 강의를 시작한 초보 교수자나 다음의 질문에 답할 수 있도록 준비를 한다면 확고하고, 공평하고 무엇보다 한결같은 페르소나를 가지고 수업에 임할 수 있을 것이다.

✔ 페르소나 점검 체크리스트

보여지는 모습
- 나이, 성별, 문화적 배경, 특별한 경험 등이 어떻게 나의 페르소나에 영향을 미치는가?
- 어떻게 옷을 입을 것인가? 어떤 옷차림과 장신구로 수업에 들어갈 것인가?

학생-교육자 상호작용
- 어떻게 학생들에게 교육자의 권위를 세울 것인가? 이러한 권위가 당신에게 중요한가?
- 말 붙이기 쉽고 다가가기 쉬운 교수자가 되고 싶다면 어떤 방법이 필요한가?
- 학생들에게 개인적인 정보를 어디까지 공개할 것인가?
- 학생들에게 어느 정도의 형식과 격식을 차릴 것인가? 학생들과의 상호작용에 얼마나 유머를 사용할 것인가?
- 학생들을 어떻게 부를 것인가? 당신은 학생들이 어떻게 불러주기를 원하는가?
- 학생들과 소통할 때 목소리 크기와 톤은 어느 정도에 맞출 것인가?

교실 환경
- 교실의 공간을 어떻게 활용할 것인가? 앉을 것인가? 서 있을 것인가? 여기저기 돌아다닐 것인가?
- 어떤 교실 분위기로 만들 것인가?
- 교실에서 학생들끼리 서로 존중하는 태도와 행동을 유도하기 위해 어떤 규칙을 만들어야 하는가?
- 만약에 규칙을 어기는 학생들이 있다면 어떤 조치를 내리고 어떻게 대응할 것인가?

수업 내용
- 학교의 교육 방침, 공동 교수자(팀 티칭의 경우), 학과의 일반적인 규범 등이 어떻게 당신의 페르소나에 영향을 미친다고 생각하는가?
- 학생들에게 교과목과 학문에 대한 당신의 열정을 어떻게 전달할 것인가?

교수자의 복장

 일반적으로 수업에 임하는 교수자의 의상은 너무 튀거나 화려하지 않은 것들이 무난하다. 학생들이 교수자의 복장이나 액세서리 때문에 수업에 집중하는 것이 어려워지면 곤란하기 때문이다. 교수자는 신뢰감과 편안함을 줄 수 있는 복장이 되도록 항상 신경 써야 한다. 구두는 깨끗이 손질하여 신어야 하고 너무 비싼 옷이나 액세서리는 위화감을 조성할 수도 있기 때문에 가능하다면 피하는 것이 바람직하다. 수업에 불필요한 물건은 휴대하지 않고 스마트폰의 전원은 꺼 두도록 한다.

변화보다는 변혁을

변화보다는 변혁을 좋아한다. 변화는 조금만 바뀌어도 변화다. 무엇을 완전히 바꾸려면 변화보다는 변혁을 추구해야 한다. 원점으로 돌아갈 확률이 높은 미약하고 소극적인 변화보다는 이름 석 자를 뺀 나머지를 완전히 바꾸려는 변혁이 일어나야 한다. 변혁하는 데에는 고통이 따르지만 변혁을 시작하는 것은 그렇게 막연하게 어려운 일은 아니다. 자신의 삶을 관심 있게 들여다본다면, 변혁의 도구인 자기 진단과 깊은 성찰을 한다면, 지금까지 가졌던 태도와 방식을 과감히 버릴 용기가 있다면, 변혁은 생각보다 어렵지 않은 도전이라는 것을 알게 될 것이다. 가식을 과감히 버리고, "나"를 포장하고 있는 모든 것들(허식, 거짓, 페르소나 등)을 모두 벗고, 알몸뚱이로 진실하게 "나"를 대하자. 변혁은 이러한 상태에서만 일어날 수 있다. 변혁 없이 성장하기는 힘들다. 꾸준히 성장하지 않는 사람일수록 쉽게 실증을 느끼고 무기력해진다. 지금까지의 자기만족적인 교만과 알맹이 없는 겉치레, 허세, 오만 따위를 버리는 순간 지금 내가 무엇을 해야 하는지 눈앞에 선명하게 나타날 것이다. 변혁의 최대 걸림돌은 자기 자신들이 처해 있는 주변 환경이 아니라 바로 내 탓임을 정확히 인식해야 한다. 오늘 바로 지금 가식적으로 자신의 행동을 합리화하고 견고한 고정관념 속에 자기 자신을 가두며 변혁을 회피하고 있지는 않는지 점검해 보면 어떨까?

교수자는 슈퍼맨?

"We cannot hold a torch to light another's
path without brightening our own."
― Ben Sweetland

지식과 기술은(관련 분야의 전문 지식, 임상적 기술, 연구에 필요한 테크닉 등) 교수자가 기본적으로 갖추고 있어야 한다. 교수자는 이를 토대로 크게 네 가지의 중요한 역할(교육, 연구, 봉사, 그리고 행정)을 동시에 수행해 나가야 한다. 관련 분야의 전문 지식만으로 교수자에게 주어진 다양한 역할을 충분히 그리고 전문적으로 소화해 내는 것은 쉬운 일이 아니다. 교수자는 슈퍼맨이 아니기 때문이다. 교육을 잘하는 교수자이지만 행정업무를 어려워 할 수 있고, 연구를 잘 하는 교수자이지만 효과적으로 수업을 운영하는 데 많은 어려움이 있을 수 있다.

교수자가 되었더라도 모든 영역과 모든 역할에 능숙하다고 말할 수는 없다. 그렇다면 교수자는 위에 언급한 기본적인 지식과 기술(관련 분야의 전문 지식) 이외에 어떠한 추가적인 기술들이 필요할까? 유능한 교수자 중에는 추가적인 기술들(교수 설계, 전달력, 교육 평가, 수업 관리, 심리 측정, 통계, 인식론, 학습 이론, 인간개발, 정보 통신, 기술 문서 작성, 그래픽디자인, 공개 연설, 커뮤니케이션 스타일, 갈등 관리, 그룹 프로세스, 자원 관리, 인사관리, 감독 관리, 재정 관리, 정책 분석 등)을 골고루 가지고 있는 분들도 있으나 그렇지 않은 분들은 지속적으로 부족한 지식과 기술을 습득하려는 자세와 노력이 필요하다.

학교마다 교육의 질 관리를 위해 또한 교수자의 역량 개발을 위해 여러 가지 다양한 프로그램(워크숍, 세미나, 컨설팅, 라운드테이블 미팅, 강의 분석 등)이 교수학습개발센터CTL를 통해 제공되고 있다. 교수자는 더욱 열린 마음으로 자기개발에 최선의 노력을 다해야 한다. 이런 배우고자 하는 교수자의 태도는 학생들을 진심으로 사랑하고 존중하는 마음으로부터 나온다는 것을 명심한다.

교수자에 대한 진정한 평가 기준

"The principal goal of education in the schools should
be creating men and women who are capable of doing new things,
not simply repeating what other generations have done."
— Jean Piaget

학생들은 강의 평가를 통해 교수자를 평가한다. 학교마다 다르지만 교수자는 학기에 1~2번 강의 평가를 받는다. 강의 평가 점수를 학교 홈페이지에 실명으로 공개하는 학교도 있고, 수강 신청 화면에 교수자의 점수와 등급을 공개하는 학교도 있다. 강의 평가 결과를 가지고 베스트 티처Best Teacher를 선정하기도 하고 업적 평가에 반영하기도 한다.

실질적인 강의 개선을 이루기 위해 강의 평가제도를 운영하지만 실효성은 장담하기 어려운 것이 현실이다. 기계적이고 정형화된 문항들과 일관적인(강의 내용이나 형식, 교수자의 특성과 스타일, 학과의 특성 차이 등을 고려하지 않은) 평가는 큰 문제이다. 학생들은 교수자에 대한 주관적인 느낌과 감정만으로 악의적인 평가를 내리기도 하고 호의적인 평가를 내리기도 한다. 강의 평가를 인기투표처럼 여긴다면 이미 평가다운 평가를 기대하기 어려워진다. 평가 문항도 수업 관리(출결 관리, 강의계획서 이행 여부, 보강 여부)를 어떻게 하였나를 중심으로 만드는 것보다 학생들이 수업을 통하여 어떻게 변화하고 무엇을 학습하였는지에 대한 측정이 가능하도록 만드는 것이 바람직하지 않을까? 교수자의 역량은 학생들의 역량이 얼마나 강화되었는지를 통해 알 수 있다. 그렇기 때문에 교수자는 가르치고 있는 학생들이 어떻게 변해가고 있는지 관심을 가지고 수시로 모니터링해야 한다. 모니터링해야 하는 4가지 영역을 살펴보면 다음과 같다.

이해

 아는 것, 설명할 수 있는 것, 다른 사람에게 가르칠 수 있는 것, 어떤 것에 새로운 것을 연결하는 것, 발견, 식견, 기억하는 것, 암기하는 것, 어떤 것을 떠올리는 것, 핵심을 파악하는 것, 논리를 보는 것, 어떻게 작동하는지 보는 것, 깨달음, 추정하는 것, 새로운 환경에 적용할 수 있는 충분한 지식.

기술

 어떤 것을 할 수 있는 것, 노하우, 유창함, 절차와 과정을 마스터링하는 것, 효율을 높이는 것, 올바른 절차를 따르는 것, 자신이 아는 것을 사용하는 것, 새로운 환경에서 어떤 것을 적용하는 것, 요령을 습득하는 것, 손재주, 어떤 것을 더 잘하게 되는 것, 정보와 콘셉트를 융합하는 것, 배운 것을 기억하고 적용하는 것.

정서

어떤 것을 좋아하도록 배우는 것, 집중하는 것, 영감을 얻는 것, 의욕이 높아지는 것, 즐거움을 찾는 것, 더 원하는 것, 연습을 원하는 것, 아는 것을 사용할 기회를 찾는 것, 어떤 것을 사랑하도록 배우는 것, 어떤 것에서 아름다움과 복잡성 그리고 예술성을 볼 수 있는 것, 어떤 것을 감사하게 되는 것, 자신감을 갖는 것, 어떤 것에 더욱 흥미를 갖는 것, 태도를 바꾸는 것, 어떤 것에 편안해지는 것, 주인 의식을 갖는 것, 새로운 느낌을 갖는 것, 흥겨움을 느끼는 것.

취미

자동적으로 하는 것, 큰 힘을 들이지 않고 하는 것, 지식을 삶에 접목하는 것, 지식을 언제 사용할지 아는 것.

✓ 강의 평가 점수가 낮게 나왔을 때 체크리스트

- 나는 교수법에 대한 새로운 아이디어를 얻기 위해 노력하는가?
- 나에게 더 필요한 것이 무엇인지에 대한 자기성찰을 지속적으로 하고 있는가?
- 나의 교수법 효과성에 대해 평가하고 있는가?
- 내가 학생들에게 미치는 영향력(수업 중, 수업 후, 코스를 마친 후)을 명확하게 인식하고 있는가?
- 나의 새로운 교육 시도(학생과의 소통 방법, 수업 방식과 디자인, 그리고 수업 운영)는 충분한가?

동료 평가 활용

"Tell me and I forget, teach me and I may remember,
involve me and I learn."
— Benjamin Franklin

　동료 평가를 받는 것은 자신의 교수법의 질을 높이는 데 많은 도움이 된다. 강의를 공개하는 것을 두려워하거나 회피하는 교수자는 각기 다른 타당한 이유를 가지고 있지만 물은 고이면 안 된다. 자신의 강의를 활짝 열어 동료들의 평가와 피드백을 끊임없이 받아 교수법을 향상하려는 노력, 의지, 그리고 실행만이 수업의 질을 향상시킬 수 있다. 만약 모스크바의 크렘린 궁Moscow Kremlin처럼 자신의 교수법과 수업이 외부와 단절된 상태로 오랜 기간 베일에 가려져 있다면 우물 안의 개구리처럼 무엇이 잘못되고 있는지, 무엇을 발전시켜야 하는지, 그리고 과연 자신이 효과적인 교육을 하고 있는지 전혀 알 길이 없다. 교수자는 잘못된 방법을 찾아내고, 잘하고 있는 부분을 더욱 발전시키기 위해 동료평가를 활용하면 많은 도움이 된다. 베스트 티처Best Teacher로 선정되신 분이나 강의에 오랜 경험이 있는 교수자와 자신의 수업 방식과 교수법에 대해 서로 이야기 나누고 귀중한 피드백을 받는 것은 매우 유익하다.

✓ **효과적인 동료 평가를 위한 4가지 단계**
- 수업 참관 전 미팅
- 수업 참관
- 수업 참관 후 미팅
- 피드백 작성

수업 전 미팅

수업 전 교수자는 평가자들에게 그날 수업에 대한 계획을 미리 알려준다. 또한 준비된 강의 노트, 나눠줄 유인물, PPT, 퀴즈, 그리고 과제물 등을 공유한다. 수업 전 미팅에서 평가자 들은 교수자와 함께 다음에 대한 내용을 점검한다.

- 수업 후 학생들이 무엇을 배우고 나가길 원하는가?
- 수업에서 무슨 일이 일어날 것인가? 무엇을 예상하고 있어야 하는가?
- 이번 수업을 위해 학생들이 준비해야 하는 것들은 무엇인가?
- 교수자는 특별히 어떤 부분에 대해 피드백을 받기 원하는가?

수업 참관

평가자는 핵심적인 평가 기준 세트를 사용하여 교수자의 교수법과 수업을 평가한다. 평가 기준 세트는 학과에 따라 다를 수 있다. 다음 평가 기준은 학생들의 효과적인 학습에 도움이 되는 것들로 구성되어 있다.

- 수업 목적의 명확성 : 교수자는 수업의 주안점을 학생들에게 얼마나 명확하게 전달하였는가?
- 수업 구조의 구성 : 학습자료와 활동이 잘 구성되었는가?
- 주요 콘셉트 강조 : 교수자는 중요한 콘셉트를 강조하여 설명하는가? 학습 자료와 활동이 콘셉트를 이해하는 데 도움이 되고 있는가?
- 속도와 범위 : 진도가 너무 빠르거나 느리지 않는가? 학습량은 적절한가?
- 수업 분위기 : 교수자는 안전하고, 참여하는, 그리고 서로 존중하는 수업 분위기를 만들었는가?
- 다양성 고려 : 교수자는 학생들의 다양성을 인정하는가? 교수자는 학생들의 다양한 주장과 관점을 존중하는가? 교수자는 학생들의 학습 스타일을 고려하여 다양한 수업 방식과 활동을 사용하고 활용하는가?
- 수업 관리 : 교수자는 수업 관리(그라운드 룰 집행, 출석체크, 학생들의 부적절한 행동 모니터링 등)를 잘 하는가?
- 현실적인 콘셉트와 추상적인 콘셉트의 균형 : 강의에 현실적인 콘셉트와 추상적인 콘셉트가 적절히 균형을 이루고 있는가?
- 수업 진단 : 교수자는 학생들의 이해도를 파악하며 수업을 진행하는가?

수업 참관 후 미팅

평가자들은 관찰한 수업에 대한 특이점, 이슈, 교수법 등을 가지고 담당 교수자에게 디브리핑Debriefing한다. 수업 참관 후 미팅에서는 다음의 내용을 가지고 이야기를 나누도록 한다.

- 교수자가 의도하여 가르치려 했던 콘셉트나 내용이 학생들에게 얼마나 효과적으로 전달 되었나?
- 수업 중 어떤 점이 잘되었나?
- 수업 중 어떤 점이 어려웠는가?
- 다음엔 어떤 점을 어떻게 개선해야 하는가?
- 그 밖의 예상치 못했던 이슈Issue들

피드백 작성

평가자들이 작성한 동료 평가 피드백을 가지고 교수자는 반드시 학과 담당자와 미팅을 갖고 학과에서 교수자에게 기대하는 점들과 우선순위에 대해 이야기 나눈 후 개선 방향을 함께 모색한다. 동료 평가 피드백은 수업 참관 전 회의록과, 수업 관찰 노트, 그리고 수업 참관 후 회의록을 포함하되 교수자가 특별히 피드백을 원하는 2~3가지 부분을 중심으로 작성한다.

나는 누구인가?

자기 자신이 누구인지 잘 알아야 한다. 내 자신에게 지대한 관심을 가지고 자신을 알기 위해 많은 노력을 해야 한다. 내가 누구인지 모르면서 타인을 아는 것이 무슨 소용이 있을까? 도구를 제대로 사용하기 위해서는 사용 방법을 잘 알고 숙련해야 한다. 당신이 가지고 있는 최고의 도구는 바로 당신이다. 당신의 꿈을 실현하고 사랑을 실천하는 도구인 동시에 당신의 목적을 이루기 위한 수단과 방법이다.

숙련공들은 도구들을 능수능란하게 사용한다. 그러기 위해서는 도구의 기능을 잘 알아야 한다. 당신은 어떤가? 최고의 도구인 자기 자신을 능수능란하게 사용하는가? 당신의 전부를 활용하는가 아니면 일부분만 사용하는가? 어리석게도 1%만 사용하면서 100%를 사용하고 있다고 착각하고 있지는 않은가? 모든 인간은 공평하게 단 한 번의 기회를 가지고 이 세상에 태어난다. 그리고 태어나는 순간부터 죽음을 향해 달려간다. 우리는 무한한 시간 속에 사는 것이 아니라 유한한 시간 속에 산다. 내가 누구인지 모르는 나는 무엇이고, 그런 나는 과연 어디에 있고, 어디를 향해 가고 있는 것인가? 내가 누구인지에 대한 답을 쉽게 찾을 수도 없고, 그리고 지금 당장 답이 없을 수도 있기에 상심에 빠질 필요는 없지만 그래도 끊임없이 고민하여야 한다. 인생은 자기 자신을 찾아가는 긴 여정이기 때문이다. 자신이 누구인지 제대로 알고 남을 가르쳐야 하지 않을까?

교수자의 파워

"The effects you will have on your students are infinite and currently unknown; you will possibly shape the way they proceed in their careers, the way they will vote, the way they will behave as partners and spouses, the way they will raise their kids."
— Donna Quesada

학습이 일어나는 교실에서 특별히 교수자는 자신이 생각하는 것보다 훨씬 큰 파워를 가진다. 교수자의 성향과 학생들에게 어프로치Approach 하는 방식에 따라 독특한 수업 분위기는 만들어진다. 그날그날 교수자의 무드에 따라 학생들의 입장에서는 수업 시간에 소나기가 올 수도 있고, 매서운 눈보라가 휘몰아치기도 하며, 구름 한 점 없는 청명한 날이 되기도 한다. 서리가 내리기도 하고, 천둥 번개가 치기도 하고, 태풍 전야의 날처럼 고요하기도 한다. 교수자는 상상을 초월하는 파워Power를 가지고 있다. 이 파워로 학생들을 즐겁게 만들기도, 불행하게 만들기도 한다. 교수자의 파워는 영감을 이끌어내는 도구가 되기도 하고 반대로 고문을 하는 도구가 되기도 한다. 상처를 주기도 하고 치유를 하기도 하며, 모욕을 주기도 하고 웃음을 가져다 주기도 한다. 교수자의 판단과 결정으로 인하여 수업 시간에 발생하는 사태가 진정되기도 하고 반대로 악화되기도 한다. 학생들이 인간적으로 만들어지기도 하고 비인간적으로 만들어지기도 한다.

교수자는 자기 자신이 가지고 있는 파워를 잘 인식하고 올바르게 사용해야 한다. 파워를 남용하면 학생들을 화나게 만들어 반발이 심해질 수도 있고 교수자를 너무 무섭고 두려워해 아무런 도전(반론, 질문, 이의제기)을 안 하게 될 수도 있다. 무조건적 순종을 요구하는 것이 아니라면 최적의 수업 디자인과 최선의 학생들과의 교류 방법을 통해 교수자와 학생들과의 힘 관계를 정립하고 결과를 결정하는 것이 바람직하다.

완벽함Perfection보다는 우수함Excellence을

"Teachers knew every one of the students, their secrets, their grades, their home situations. And all the students knew the teachers. It was like teachers were people who finally were the most popular at school."
— Victoria Kahler

교수자는 완벽을 추구하기보다 최선을 다하는 모습을 학생들에게 보여주어야 한다. 학생들은 갖추고 싶은 자질을 이미 갖춘 교수자를, 이루고 싶은 것을 이미 이룬 교수자를, 그리고 닮고 싶은 모습을 지닌 교수자를 존경하며 본받고 싶어한다. 요즘 학생들은 완벽함을 중요시하는 사회적 문화에 적잖은 압박을 받고 있다. 사회는 학생들에게 스마트하라고, 많은 성과를 내야 한다고, 자기관리에 철저해야 한다고, 아름다워야 한다고, 인기가 많아야 한다고, 외국어에 능통해야 한다고 요구한다. 학생들이 사회적 요구를 충족하기 위해 노력하고는 있지만 이로 인한 부작용이 발생한다. 교수자는 학생들이 패배자 또는 실패자라는 의식에 사로잡혀 부상을 당하고 자기 자신을 사랑하지 못하는 낮은 자존감을 가지고 살아가는 사람으로 전락하는 것을 방지해야 하는 책임이 있다. 학생들에게 지대한 영향력을 미칠 수 있는 교수자는 좋은 롤 모델Role Model이 되기 위해 또한 귀감을 얻기 위해 노력해야 한다.

추측 세트 Set

"The future of the world is in my classroom today, a future with the potential for good or bad... Several future presidents are learning from me today; so are the great writers of the next decades, and so are all the so-called ordinary people who will make the decisions in a democracy.
I must never forget these same young people could be the thieves and murderers of the future.
Thank God I have a calling to the greatest profession of all! I must be vigilant every day, lest I lose one fragile opportunity to improve tomorrow."
― Ivan Welton Fitzwater

인간은 누구나 복잡한 세상을 살면서 올바른 판단과 결정을 내리기 위해서 추측의 세트Set를 가지고 살아간다. 교수자도 정도의 차이가 있지만 추측 세트를 가지고 학생과 세상을 판단하고, 이해하고, 해석한다. 자기가 가지고 있는 추측 세트에 대해 세심히 관찰해 보는 것은 상당히 생산적이다. 왜냐하면 어떤 추측 세트를 가지고 있는가는 학생들과의 상호 교류뿐만 아니라 그들의 학습활동에도 큰 영향을 미치기 때문이다.

경험과 지식에 대한 추측

교수자에게 당연하고 이해하기 쉬운 콘셉트가 학생들에게는 생소하고 충분히 어려울 수 있다. 교수자의 눈에 완벽하도록 아름다운 수학 공식이 다른 사람에게는 그냥 숫자와 부호의 집합으로밖에 보이지 않을 수도 있다는 것을 교수자는 인식하여야 한다. 교수자가 관심 분야에 대해 열과 성의를 다해 신나게 강의를 하지만, 학생들의 반응이 무덤덤한 이유가 바로 여기에 있는 것이다. 교수자가 사용한 어려운 용어와 난해한 예시가 학습의 즐거움을 가져다 주기보다 오히려 반대로 학생들을 소외감으로 가득 채울 수 있다. 자기가 알고 있기 때문에 남도 알고 있다고 추측하는 것은 상당히 위험하고 교만한 행동이다. 교수자의 추측 세트를 점검할 수 있는 몇 가지 질문을 제시해 본다.

- 나는 학생들이 나의 문화적 그리고 정치적 관점에 대해 공감하기를 기대하는가?
- 나는 학생들이 내가 언급한 역사, 대중문화, 종교, 그리고 문학에 대해 공감하기를 기대하는가?
- 나는 경제적으로 어려운 학생들은 상대적으로 수업 준비를 잘 안 해 온다고 생각하고 있는가?

능력에 대한 추측

교수자가 가지고 있는 학생들에 대한 높은 기대는 교수자의 기대에 순응하기 위해 노력하는 대부분 학생들의 학업 성취도와 동기부여에 가장 큰 영향력을 미치는 중요한 요소 중 하나이다.

- 나는 여학생이 남학생보다 과학을 어려워한다고 생각하는가?

- 나는 특정 전공 학생들이 다른 전공 학생들보다 스마트Smart하지 못하다고 생각하는가?
- 나는 개인적인 특징(신체적, 정치적 & 종교적 믿음)을 지능 또는 능력과 연관 지어 생각하는가?

정체성과 관점에 대한 추측

- 나는 모든 학생들을 이성애자Heterosexual라고 가정하고 대하고 있는가?
- 나는 모든 학생들이 기독교인이라고 가정하고 대하고 있는가?
- 나는 학생들이 어떤 특정 정치조직에 소속되어 있을 것이라고 판단하고 대하고 있는가?

원인에 대한 추측

사람들은 누구나 자기 자신에게 일어난 일에 대해 원인을 찾으려 한다. 수업 중 어떤 일이 일어났을 때 교수자는 원인을 분석하고 상황에 맞춰 반응하려고 노력한다. 원인을 찾을 때 주의해야 할 점은 주로 추측에 의해 원래의 색상이 변질될 수 있기 때문에 교수자는 자기 자신이 가지고 있는 추측 세트가 온전한지 분석해 보아야 한다.

- 나는 말주변이 부족한 학생을 보면 수업 준비가 덜 되었다고 생각하는가?

- 나는 수업 시간에 조용한 학생을 보면 책을 읽어 오지 않았다고 생각하는가?

- 나는 "좋은" 학생이 과제 제출 마감 날짜를 미뤄 달라는 요청을 하면 그럴듯한 이유가 있어서 그럴 거라고 생각하지만 "나쁜" 학생이 요청하면 게을러서 그럴 거라고 생각하는 경향이 있는가?

내 마음의 창

 선글라스 렌즈의 색에 따라 세상의 색이 정해진다. 파란색 렌즈를 통해 보는 세상은 파랗고 붉은색 렌즈를 통해 보는 세상은 붉다. 너무나 당연한 사실이다. 교수자는 자기가 끼고 있는 렌즈의 색을 정확하게 알고 그 색이 학생들과, 학문과, 교육을 이해하고 해석하는 데 어떠한 영향을 어떻게 미치는지에 대해 잘 파악해야 한다. 자신의 생각, 집착, 고집, 감정, 그리고 맘대로 떠올린 머릿속의 상상 들을 멀리하고 사물이나 상황 그 자체를 순수하게 보아야 한다.
 반사적으로 학생들을 이런 사람, 저런 사람으로 규정짓지 말고 먼저 자신의 렌즈를 살펴보고 점검해야 한다.

다양성의 이해와 존중

"You can pay people to teach, But you can't pay them to care."
— Marva Collins

다양성은 항상 눈에 보이지는 않지만, 반드시 존재하고, 학생들의 학습과 밀접한 관계가 있고, 배움에 있어서 중요한 일부를 차지한다. 대부분의 교수자들은 수업을 듣고 있는 학생들의 다양성을 존중하려고 노력하지만 인식 부족으로 그 중요성에 대해 큰 관심 없이 대강 보아 넘기는 경우가 있다. 교수자는 학생들을 동질적으로 보는 경향이 있지만 현실적으로 학생들은 학습 스타일, 개인적 성향, 신념, 개인 철학 등 여러 분야에 걸쳐 다양성을 지니고 있다.

자기 자신을 생각해 보자. 성별, 종교, 사회계층, 출신 지역, 나이, 가족 배경, 성 정체성, 학력, 외모, 학습 스타일, 신체적 능력(장애 여부) 등 여러 가지 요소들이 자신의 정체성에 지대한 영향을 미친다. 학생들도 마찬가지다. 개개인의 학생들은 눈에 보이지 않는 다양한 경험과 개성의 독특한 배합으로 이루어진 인격체이다.

일주일에 세 시간, 학기당 45~48시간 정도 만나는 학생들의 부분적인 모습만을 가지고 그들의 전체적인 모습을 그리는 것은 위험하다. 오류를 범할 수 있는 확률이 매우 높을 뿐만 아니라 학생들에 대한 근거 없는 선입견, 왜곡된 편견, 그리고 경솔한 판단은 교수자와 학생들과의 관계에 돌이킬 수 없는 치명적인 손상을 주기 때문에 주의해야 한다.

수업 시간에 교수자가 교실로 가지고 들어가는 모든 것들(수업 내용, 방법, 활동, 교수자의 열정, 에너지, 지식, 교재, 참고서, 심지어 농담까지)이 학생들에게 언제, 어디서, 무엇을, 어떻게, 연결되는지 정확히 알 수는 없지만 학생들의 삶과 반드시 직·간접적으로 연결되고, 그들의 감정과 학습에 좋은 영향 또는 나쁜 영향을 미치게 된다. 다양성에 대해 교수자가 말을 아끼는 주된 이유 중 하나는 가치관에 대해 가르치는 것은 교수자의 역할이 아니라고 생각하기 때문이다. 그러나 현실적으로 교수자는 가치 판단적일 수밖에 없다. 어떤 내용을 가르치고 어떤 내용을 생략할지 결정할 때, 예시를 제시할 때, 자신에게 맞는 적절한 교수법을 찾고 개발할 때, 숙제를 낼 때, 교수자는 가장 중요하고 가치 있다고 생각되는 것들을 중심으로 판단하고 학생들과 소통한다.

안전하고 호의적인 수업 분위기 조성이 학습에 큰 영향력을 미치지만 그보다 더 중요한 것은 학생들에게 다양성을 이해시키는 것이다. 학생들이 다양성을 이해하고 존중할 때 더 훌륭한 사상가가 되기 때문이다.

대부분의 교수자들이 수업의 목표로 정하는 비판적 사고 함양을 위해서는 학생들에게 다양한 관점을 이해할 수 있도록 그리고 평가하도록 지도하고, 사고방식의 복잡·다양성을 인식하도록 그리고 다른 문제 풀이 방법을 볼 수 있도록 도와주는 것이다. 학생들이 사회에 나가서 불확실성과 대면할 때 자기 자신의 가치관과 정체성을 분명히 하고, 교육적인 판단을 내리고, 선택을 평가하고, 새로운 지식을 창출하고, 평생 학습자로 되도록 도와주기 위해서라도 교수자는 수업을 설계할 때 다양성의 이해와 존중, 선입견과 편견에 대한 도전, 그리고 다양한 관점 수용을 학생들이 배울 수 있도록 과정에 포함하도록 한다.

듣는다는 것은?

　높은 집중력과 에너지를 필요로 하고, 자신의 생각과 어젠다(Agenda)를 잠시 제쳐두고 말하는 사람의 입장에서 세상을 바라보고, 평가, 판단, 인정하는 행위를 멈추며, 말하는 사람에 의해서 듣는 사람이 물리적 그리고 심리적으로 움직여지는 것이다.

말하기 능력

"The man who can make hard things easy is the educator."
— Ralph Waldo Emerson

고대 그리스의 유명한 웅변가이자 정치가인 데모스테네스Demosthenes는 대중연설에서 가장 중요한 세 가지는 무엇이냐는 질문에 다음과 같이 대답하였다고 한다. "전달! 전달! 전달!" 교수자가 아무리 많은 지식을 머릿속에 가지고 있다 하더라도 그것을 효과적으로 전달하지 못한다면 학생들은 교수자의 역량이나 지식의 전문성을 있는 그대로 인정하기 어려울 것이다.

강의식 수업이든 토론식 수업이든 거의 모든 수업은 말로 이루어진다. 학생들과 효과적인 소통을 위해 교수자는 언어적 요소뿐만 아니라 비언어적 요소에도 관심을 가져야 한다. 교수자가 수업 시간에 어떤 단어를 사용하고 어떤 구조와 예시를 사용할지에 대해 많은 시간과 노력을 투자하더라도 콘텐츠가 형편없이 전달된다면 이 모든 노력과 수고는 물거품이 되어 버린다. 역동적이고, 전달력 있고, 말하기 능력이 우수한 교수자의 수업을 들은 학생들은 학습 내용을 더욱 성공적으로 이해하고 더욱 오래 기억한다.

효과적으로 말한다는 것은 목소리와 몸짓을 효율적으로 사용하여 청중을 몰입하게 만들고 말하는 사람의 생각과 사실을 듣는 사람에게 명확하게 전달하는 것을 뜻한다. 다음 두 가지 방법은 효과적으로 말하기 위해 필요한 필수 사항이다.

1. 청중의 집중을 방해하는 요소 제거
2. 말과 보디랭귀지(제스처, 몸짓, 시선 처리, 눈빛)를 효과적으로 사용하여 메시지를 전달

효과적으로 메시지를 전달하기 위해서는 프레젠테이션이 자연스러워야 하고 말하는 사람이 평소에 말하는 것처럼 말하고 보여져야 한다. 또한 교수자가 신뢰할 만한 전문가의 이미지를 학생들에게 보여주어야 한다. 신뢰도는 학생들의 인식에 달려 있기 때문에 학생들이 교수자를 유능하고, 믿을 만하고, 진정성 있고, 멋있고, 역동적이라고 생각한다면 신뢰도는 그만큼 높아진다. 교수자의 언어적 요소와 비언어적 요소가 서로 일치하지 않는 경우 학생들은 언어적 요소보다 비언어적 요소를 중요시하는 경향이 생기게 된다. 이 말은 교수자가 가르치는 분야의 전문가라도 효과적으로 말하지 못하면 학생들은 교수자가 말하는 내용이 별로 중요하지 않다고 생각하여 교수자의 말을 쉽게 무시하게 된다는 뜻이다.

교수자가 프레젠테이션이나 강의를 할 때 청중의 반응(리액션, 웃음, 한숨, 딴짓)만으로 자신의 전달력을 평가하는 것은 합리적이지도 충분하지도 않다. 학생의 집중과 이해를 가로막는 장애물이 무엇인지 알기 위해서는 청중의 눈과 귀에 교수자가 어떻게 보이고 들리는가를 잘 파악해야 한다. 그러기 위해 교수자는 동료나 학생들에게 더욱 직접적으로 피드백을 요구할 수 있다. 예를 들어 믿을 만한 동료 교수를 수업에 참관시

켜 자신의 프레젠테이션 기술과 전달력을 모니터링Monitoring하게 한 후 피드백을 얻을 수 있다. 아니면 학생들에게 전달력에 관련된 평가지를 만들어 직접적인 피드백을 받을 수도 있다.

오디오 녹음과 비디오 촬영도 전달력을 분석하는 데 많은 도움이 된다. 오디오 분석은 보디 랭귀지를 제외한 목소리만으로 전달력을 평가하는 데 유용하다. 비디오 분석(오디오 OFF 상태)은 보디랭귀지만의 전달력을 평가하는 데 유용하다. 자기 자신의 강의 모습을 보는 것이 편하고 유쾌하지는 않지만 강의 개선에 많은 도움이 되는 것은 확실하다. 개선해야 할 부분을 정확히 알아야 변화는 가능하다는 사실을 능동적으로 받아들여야 한다.

전달력 향상법

- 볼륨감 있는 소리로 말한다.
- 너무 큰소리로 말하지 않는다. 너무 큰소리로 말을 하면 평소 대화하듯 톤Tone을 유지하며 말하기가 어렵다.
- 명확하게 말한다. 발음을 정확하게 하지 않으면 교수자가 가르치는 내용보다 말투에 더욱 집중하게 되어 수업에 방해가 된다.
- 너무 빠르거나 느리게 말하지 않는다.
- 음조에 변화를 준다. 음조에 변화가 없으면 학생들은 교수자가 강의하는 내용에 관심이 없고 자신감이 부족하다고 해석한다.

- 평상시 자연스러운 대화의 리듬과 음조를 녹음하여 강의 때 사용하는 리듬과 음조와 비교·분석한다.
- 어렵거나 복잡한 내용에 대해 강의할 경우 말을 천천히 한다.
- 잃어버린 청중의 집중을 되찾기 위해 무드Mood와 콘텐츠의 변화에 따라 말의 속도를 높인다.
- 중요한 내용을 강조하고 학생들이 내용을 충분히 이해하고 소화하도록 말을 잠시 멈춘다.
- 표준어를 사용하고 익숙하지 않은 단어는 미리 확인한다.
- 학생들이 잘 볼 수 있는 곳에서 강의를 한다. 강의하는 곳의 불빛은 적당한지, 건물 기둥 때문에 시야를 가리는 곳은 없는지 미리 확인한다. 대형 강당일 경우 수업 내내 서서 강의를 하는 것이 바람직하다. 교수자가 잘 안 보이면 학생들이 수업 시간에 집중하기가 어려워지기 때문이다.
- 움직인다. 한곳에 거동 없이 서서 강의를 하는 교수자는 풍부한 볼거리 제공을 하지 못하기 때문에 학생들은 쉽게 지루해진다. 잠을 자거나, 딴짓을 하는 학생들이 많아진다면 움직여야 한다.
- 그렇다고 계속 움직이면 곤란하다. 교수자가 아무런 목적 없이 여기저기 움직이며 강의를 하면 학생들을 초조하게 만들게 된다. 차분하게 수업에 집중하려는 학생들 앞에서 불필요한 움직임은 삼가는 것이 바람직하다. 특히 중요하고 어려운 내용을 설명할 때는 반드시 한곳에 서서 설명한다.

- 무의식적인 제스처에 주의한다. 교수자의 습관적인 제스처Gesture나 특정적 움직임은 수업의 큰 장애물이 된다. 특히 학생들은 부자연스럽고 경직된 움직임에 쉽게 방해 받기 때문에 충실해야 하는 수업 내용에 집중하지 못하게 된다.
- 부정적 얼굴 표정은 버린다. 차갑고 거리감 있는 표정, 지루하거나 관심이 없다는 표정을 좋아하는 사람은 없다. 교수자는 말수가 적어야 하고, 심각하고, 격식을 차려야 한다는 지배적인 생각 때문에 표정 관리에 어려움을 호소하는 교수자를 종종 만난다. 자연스럽게 느낌이나 생각이 얼굴 표정으로 드러나도록 편한 마음을 갖는 것이 우선이다.
- 학생들의 집중을 방해할 수 있는 행동을 피한다. 수업 시간에는 천장을 보거나, 창문을 통해 밖을 내다보지 말고 오로지 학생들의 눈과 수업 교재만 본다. 교수자가 수업에 집중하는 모습을 보며 자연스럽게 학생들도 수업에 집중하게 된다.
- 학생들과 진정성 있는 눈맞춤을 한다. 대충 스캔Scan하듯이 학생들을 보거나, 학생들의 이마, 턱, 또는 머리 위의 공간을 바라보면 안 된다. 눈을 봐야 학생들의 마음을 읽을 수 있다. 수업 내용을 이해하고 있는지, 강의 속도가 적절한지, 학생들이 수업에 흥미를 느끼고 있는지 알기 위해서는 눈맞춤을 해야 한다.
- 수업에 대한 교수자의 기쁨과 열정을 얼굴 표정과 보디랭귀지Body Language로 표현한다.

동선처리 계획, 중요한 내용 강조 만으로 전달력을 향상시키기는 어렵다. 높은 강의 평가 점수를 받는 교수자들을 분석해 보면 크게 세 가지 공통점(효과적 지식 전달 방법, 정신 집중, 철저한 강의 준비)을 발견하게 된다.

전달 스타일

우수한 교수자들은 학생들에게 살아있는 강의를 한다. 살아있는 강의란 몰입과 참여를 유도하고, 호기심을 자극하는 강의다. 만약 교수자가 강의 노트를 보고 읽거나 낭독한다면 학생들은 아웃사이더Outsider가 되어 교수자의 말을 가끔씩 엿듣게 되어 버린다. 수업 시간에 가장 중요한 것은 교수자와 학생들 사이의 링크Link다. 그 링크 사이에 강의 노트가 끼어 들어가지 않도록 주의해야 한다. 수업 시간에 강의 노트는 멀리할수록 좋다.

교수자의 정신 집중

교수자가 단순히 아나운서가 뉴스를 진행하듯이 지식을 전달하는 것으로 끝나지 않고 학습이 일어나게 가르치기 위해서는 학생들에게 무엇을 가르쳐야 하는지 그리고 어떻게 가르치고자 하는 콘텐츠를 효과적으로 전달할 수 있는지에 대해 고민해야 한다. 새로운 학생들과 새로운 환경으로 인해 교수자는 때때로 불안해질 수도 있지만 그렇다고 학생들과의 눈맞춤이나 음조의 변화 없이 무표정으로 강의 노트를 읽어 나갈 수는 없는 일이다. 효과적인 수업을 만들기 위해서는 교수자와 학생들이 서로 협동하여야 한다는 사실을 잊지 말고 적극적으로 학생들을 교수자 편으로 만들어야 한다. 교수자가 담당하는 과목에 대한 열정, 그리고 학생들에게 수준 높은 수업을 제공하겠다는 다짐은 자연스럽고 열정적인 전달 스타일을 갖게 만들어준다. 교수자가 불안한 마음으로 인해 구속되어 있지 않고 자유로워진다면 제스처는 활기차게 되고, 얼굴은 빛이 나게 되며, 적절한 단어와 표현들이 막힘 없이 분출될 것이다.

준비

우수한 교수자는 잘 준비된 사람이다. 여기서 준비는 강의 노트와 수업 콘텐츠 준비만을 말하는 것이 아니다. 교수자는 교실에 미리 방문하여 어떻게 공간을 최대로 활용할지에 대한 계획을 세워야 한다. 어디에 서서 학생들에게 보이고 들려야 하는지, 어디에 교탁을 두어야 하는지, 책상은 어떻게 배열해야 하는지, 수업교재는 어떻게 진열해야 하는지, 강의 중 이동은 어디에서 어디로 해야 하는지 등을 미리 결정해야 한다.

💬 수업 준비에 대한 학생들의 말

* 처음에는 열심히 강의하시는 듯하더니 점점 대충하신다. 자주 수업에 지각하신다. 강의에 열의가 없다.
* 교수님께서 강의 준비를 안 해오시는 듯한 느낌을 받습니다. 강의 내용 중 틀린 내용이 있다는 것이 아니라 수강생들의 수준에서 강의를 하지 않는다는 느낌이 듭니다.
* 지루하고 교수님도 공부를 많이 안 하고 오신 것 같았다.
* 교수님께서 수업과 시험 준비를 해오시지 않는다.
* 강의 시간에 늦지 않으셨으면 합니다. 강의 내용을 미리 공지해주셨으면 좋겠습니다. 준비를 충분히 안 하신 듯한 느낌이 듭니다. 항상 급하게 오셔서 급하게 강의하시다가 끝납니다.
* 교수님께서 너무 횡설수설하시는 것 같아 아쉬웠다. 교수님 자신이 정리가 안 된 상태에서 갈피를 못 잡고 수업을 하시는 것 같은 느낌이다.
* 교수님께서 강의에 임하시면서 학생들과 보이지 않는 트러블이 좀 많았던 것 같습니다. 그리고 개인적으로 교수님께서 강의 준비를 완벽히 해오시지 않는 것 같다는 느낌을 받았습니다.
* 교수님, 우선, 강의 준비 별로 안 하신 거 다 압니다. 그거 자체로는 별말씀 안 드리겠습니다. 그러나 최소한, 강의 들어오시는 교수님이라면, 책을 세 번 정도는 보시고 오셔야 하는 거 아닙니까? 정말 그건 최소한입니다. 솔직히 강의 전에 책 몇 번 보시고 오십니까?
* 한 학기 동안 뭘 배웠는지 하나도 생각 안 나요. 맨날 혼자서 떠드시다 끝난 듯. 그 배경 설명도 체계적인 게 아니라 주저리주저리……. 다음에는 그렇게 수업 준비 안 해오고 가르치지 마세요. 학생들이 말을 안 했을 뿐이지 등록금 많이 아까웠을 겁니다.

교수자가 효과적으로 말하기 위해서는 수업 시작 전 정신적, 그리고 육체적으로 워밍업Warming Up이 필요하다. 그 중에서 정신적인 워밍업이 가장 중요하다. 수업 시작 전 몇 분이라도 개인적인 시간을 할애하여 준비한 내용을 반드시 복습한다. 복습을 함으로써 교수자는 그날 가르쳐야 하는 내용을 충분히 소화하게 되고 학생들에게 흥분과 기쁨을 함께 나눌 준비를 마치게 된다. 육체적 워밍업을 위해 교수자는 시간을 내어 캠퍼스를 걷고 엘리베이터 대신 계단을 오르며 수업 시간에 자연스럽고 역동적인 제스처와 몸짓이 가능하도록 준비한다. 우수한 교수자는 강의 노트를 보지 않고, 낙관적인 무드로, 훌륭한 강의 내용을 가지고, 좋은 목소리와 성품으로, 전달력 있게 수업을 진행하는 사람이다.

수업 내용을 효과적으로 전달하기 위해 교수자는 수업 시간에 자기 자신이 어떻게 보이고, 들리는지 잘 알고 있어야 한다. 정확한 발음과 알맞은 속도로 강의를 하고 있다고 평소 믿고 있던 많은 교수들은 촬영된 본인의 강의 영상을 보고 어눌한 말투와 너무 빠른 속도에 많이 당황하고 놀란다. 강의 촬영을 통해 전달력에 문제가 있다는 사실만 깨달아도 충분히 문제를 해결하고 수업을 개선할 수 있다. 볼륨Volume을 높이고, 말의 속도를 조절하고, 입을 더욱 크게 벌려 자음을 정확히 발음하고, 불필요하고 습관적으로 쓰는 단어를 피하고, 의도적으로 학생들과 눈맞춤을 하면서 말이다.

강의 촬영과 수업 컨설팅 같은, 학교에서 제공하는 유용한 서비스를 받고 동료와 학생들에게 구체적인 피드백을 요청하여, 변화되고 싶은 부분을 효과적으로 공략하는 것은 전달력 향상에 많은 도움이 된다. 자신의 언어적 요소와 비언어적 요소에 대해 관심을 가지고, 수업 시간에 학생들의 반응을 세심하게 살피며, 그들의 소리에 귀 기울인다면 효과적인 수업과 말하기 능력 향상은 생각보다 어렵지 않다는 것을 체험하게 될 것이다.

> ### 💬 전달력에 대한 학생들의 말
>
> ✱ 학생들을 집중시키는 카리스마가 조금 부족했던 것 같습니다.
>
> ✱ 교수님께서 말씀하실 때 좀 더 크게 정확히 말씀해 주셨으면 좋겠어요~ 뒤에까지 목소리가 안 들리는 학생을 위하여…….
>
> ✱ 너무 말이 빠르셔서 솔직히 이해하기 어려웠고, 말씀하신 거에 비해 내용이 너무 많은 것 같았어요.
>
> ✱ 우리는 프린트물을 읽는 수업은 필요 없다. 그것도 발음이 좋지 못하다면 더욱 그렇다.
>
> ✱ 음…… 교수님께서 열심히 PPT 만들어오시고 강의하시는 모습은 정말 보기 좋아요.^^ 근데 저희가 알아듣질 못하는 게 문제……. ㅠㅠ 죄송……. 집중해도 못 알아들을 때가 꽤 있다는…….
>
> ✱ 수업이 전혀 이해가 되지 않고, 교수의 수업 전달 방식도 상당히 답답하다.
>
> ✱ 너무 말이 어렵고…… 강의 진행이 교재를 읽어가는 수준이라. 뭐…… 딱히 모르겠다.
>
> ✱ 수업 분위기가 너무 교수 쪽으로만 흘러가는 등 좋지 못했고, 수업도 목소리가 너무 작아서 뒤에나 옆에서 나는 미세한 움직임에도 잘 들리지 않아 엄청난 귀 기울임이 없으면 듣기도 따라가기가 힘들었으며, 읽기 교육에 있어서 탁월하지 않았던 것 같다.

- ✱ 전공에서 매우 중요한 수업인데, 대형 강의실에서 조금만 뒤에 앉아도 교수님 목소리도 하나도 안 들리고 그냥 칠판에 쓰기만 하세요.
- ✱ 말씀은 명확하지 않으시고 계속 얼버무리는 식으로 강의하십니다. 100명이 듣는 수업인데 전달력이 너무 안 좋으십니다. 집중할 수 없는 환경에다 수업 분위기도 엉망입니다.
- ✱ 교수님의 말투가 불명확하게 흐리는 말투여서 도저히 알아듣기가 힘듭니다.

말, 말, 말

　수많은 말을 하며 산다. 아침에 눈을 떠서 잠들 때까지 정말 많은 말을 한다. 특히 교수자는 자신이 누구와 무슨 말을 어떤 방식으로 하는지 잘 인식해야 할 필요가 있다. 교수자는 가치관이 다르고, 철학이 다르고, 의견이 다른 학생들을 가르치고 또한 그들로부터 배워야 한다. 남을 비판하는, 비난하는, 원망하는, 판단하는 말들은 듣는 사람을 방어적인 마음 상태로 만들어 저항하게 한다.

　말에는 힘과 영향력이 가득 차 있다. 당신이 무심하게 던진 말로 인해 상대는 크게 상처를 받을 수도 있고 당신이 던진 위로의 한 마디가 죽어가는 상대를 살릴 수도 있다. 당신이 던진 말의 씨앗이 언제 누구에게 어떻게 심어져 미래에 어떤 열매로 결과가 나타날지 모른다. 사람은 말에 의해 용기와 희망을 얻는다. 속담처럼 말 한 마디에 천 냥 빚을 갚을 수도 있다. 전쟁터에서 장군의 호소력 있는 말 한 마디 때문에 병사의 사기가 하늘을 찌를 듯 높아지기도 한다. 절망에서 희망으로, 죽음에서 삶으로, 위기에서 기회로 바꿀 수 있는 힘은 바로 말에 들어있다.

　교수자는 학생들에게 축복의 말, 그리고 긍정의 말을 해야 하는 책임과 의무가 있다. 마음에도 없는 가식적인 말 속엔 그 어떤 에너지와 영향력도 없다. 교수자의 입에선 진정 어린 말, 칭찬과 격려의 말, 학생들을 소중하고 귀하게 여기는 말이 나와야 한다. 그래야만 말에 에너지가 넘치게 된다. 그 에너지는 조직과 주위 사람을 넘어 사회, 인류에게까지 많은 영향을 미친다. 말은 총보다 무서운 무기가 될 수도, 약보다 더 효과적인 치료법이 될 수도, 빵보다 더 배부른 양식이 될 수도 있다는 것을 명심해야 한다.

의사소통

"I have come to believe that a great teacher is a great artist and that there are as few as there are any other great artists.
Teaching might even be the greatest of the arts since the medium is the human mind and spirit."
― John Steinbeck

의사소통이 필요한 이유는 나와 다른 의견, 가치관, 믿음, 그리고 필요를 가지고 있는 사람들과 같이 살아야 하기 때문이다. 교수자는 학생들과의 의사소통을 통해 자기가 가지고 있는 정보와 지식을 전달하며 교육에 임한다. 의사소통 없이 가르침과 배움은 일어날 수 없다. 의사소통을 잘하기 위해서 무엇이 필요할까? 효과적인 의사소통은 일방적이지 않고 쌍방향으로 이루어진다. 적극적인 듣기를 요구하고, 피드백을 활용하며, 명확하다. 만약 의사소통을 할 때 자신이 스트레스를 받고 있다면 의사소통이 효과적으로 이루어지고 있지 않다는 증거이기 때문에 반드시 원인을 찾아내 대처하여야 한다.

의사소통의 3가지 구성요소

- 언어적 메시지-단어선택
- 준언어적 메시지-말하는 스타일(억양, 속도, 멈춤, 강세 등)
- 비언어적 메시지-신체 언어(자세, 눈빛, 얼굴 표정, 몸짓 등)

의사소통을 효과적으로 하기 위해서는 위의 3가지 요소를 효과적으로 사용하여 다음 두 가지를 잘하면 된다.

- 명확하고 간결한 메시지를 다른 사람에게 보내기
- 다른 사람이 보낸 메시지를 잘 듣고 정확하게 이해하기

효과적인 언어적 메시지의 특성

- 짧다, 간결하다, 잘 정리되어 있다.
- 특정 분야의 전문 · 특수용어를 사용하지 않는다.
- 듣는 사람에게 저항이 안 생기도록 한다.

비언어적 메시지의 특성

- 비언어적 의사소통의 힘을 과소평가하면 안 된다.
- 포즈Pose, 제스처Gesture, 얼굴 표정, 공간적 거리 등의 비언어적 메시지는 말하는 사람이 원하는지, 원치 않는지에 상관없이 듣는 사람에게 전달되어 해석된다.
- 비언어적 메시지는 감정(생각, 느낌 등)을 전달할 때 주로 사용된다.
- 얼굴은 열정과 에너지에 의해 밝아진다. 그러나 반대로 정신상태의 혼란, 따분함, 불쾌감에 의해 어두워지기도 한다. 얼굴 중에서도 특히 눈은 즐거움, 슬픔, 화, 그리고 혼돈을 상대방에게 보내는 포트

Port 역할을 한다.
- 포즈나 제스처만으로도 따스하고 열려 있는 느낌이나 차갑고 거부하는 느낌을 상대방에게 전달할 수 있다.

준언어적 메시지의 특성

- 음성의 톤Tone, 음조, 속도로 전달되는 메시지를 말한다.
- 화가 나거나 흥분되었을 때 말은 빨라지고 음조는 높아지지만 지루하거나 기분이 안 좋을 때는 말이 느려지고 음조의 변화 없이 모노Mono톤이 된다.
- 방어적으로 되면 말은 퉁명스러워진다.

일관성이 중요한 이유

의사를 전달할 때 중요한 것은 일관성이다. 교수자는 특히 일관된 언어적, 준언어적, 그리고 비언어적 메시지를 보내기 위해 힘써야 한다. 전달하고자 하는 메시지가 일관되지 않다면 듣는 사람은 혼란스럽게 된다. 그뿐만 아니라 일관성이 없으면 말하는 사람과 듣는 사람의 관계에 문제가 발생한다. 왜냐하면 불필요한 오해가 생기게 되고 그로 인해 서로의 신뢰가 약화될 수 있기 때문이다.

메시지 이해하기

다른 사람의 메시지를 잘 이해하기 위해 반드시 필요한 것이 '듣기'이다. 듣기란 다른 사람의 말을 잘 듣는 것과 말하고 있는 사람에게 열중하는 것 모두를 포함한다. 듣는다는 것은 넓은 의미로 말뿐만 아니라 다른 사람을 이해하고 싶은 갈망, 다른 사람을 존중하고 수용하는 태도, 마음의 문을 열어 다른 사람의 입장에서 사물을 보려는 의지로 해석할 수 있다.

듣기를 잘하는 기술

- **비언어적** – 말하는 사람에게 물리적으로 100% 집중한다.
  – 비언어적 메시지를 잘 파악한다.

- **언어적** – 말과 느낌에 주의를 기울인다.
  – 적극적 경청 방법을 터득하여 메시지를 명확히 이해하고, 말하는 사람이 스토리Story를 잘 말할 수 있도록 도와준다.

효과적인 의사소통의 방해물 (언어적)

- **공격하기**(심문하기, 비평하기, 모욕감 주기, 책임 전가하기)
- **"너 메시지"**You-Message **사용하기** (규범화하기, 설교하기, 진단하기, 충고하기)

효과적인 의사소통의 방해물(비언어적)

- 빠르거나 느린 행동
- 눈을 위로 올리거나 부릅뜨기
- 팔짱을 끼거나 다리를 꼬기
- 분노의 제스처
- 구부정한 자세로 앉기
- 단정하지 못한 용모
- 낙서를 하거나 딴짓하기
- 노려보거나 눈맞춤을 회피
- 꼼지락거리기

💬 소통에 대한 학생들의 말

✖ 교수님이 학생들과 소통하는 데 어려움을 겪는 것 같았다. 수업의 내용은 좋으나 유머 코드도 맞지 않고, 학생들을 집중시키는 능력이 부족하신 것 같다. 때문에 수업에 효율이 많이 떨어지는 것 같다.

✖ 교수가 학생의 의견을 반영하지 않습니다. 과제나 시험도 질적으로 문제가 많고 실력 향상에 전혀 도움이 되지 않으며 학생들이 이런 사항에 대해 건의를 해도 전혀 받아들이지 않습니다.

✖ 너무 학생들의 얘기를 안 들어주시고 무조건적인 면이 많아서 힘들었습니다.

✖ 100명이 넘는 인원이 듣는 수업인데 칠판 글씨도 혼자 연습장 쓰듯이 조그맣게 쓰시고, 다 쓰시면 필기할 틈 안 주시고 그냥 지워버리고, 수업이 아니라 혼자 공부하시는 느낌이었습니다.

✖ 학생들과 좀 더 소통을 해 가면서 수업의 진행 방향을 이끌어 나갔으면 좋겠다.

✖ 의미전달 잘 안 되었던 것 같아요.

✖ 교수님께서 수업 내용을 정확히 전달하지 못하셨다.

✖ 수업을 하는데 정말 쓸데없는 부연 설명들이 너무 많아서 약간 좀 그랬고, 설명도 좀…….

PART TWO
교수법 도구상자

- 강의계획서
- 첫 수업과 소속감
- 소속감을 높이는 자기소개 시간
- 자리 배치의 기능
- 라포르(Rapport) 형성
- 사고 과정 자체를 고찰하는 능력
- 문제 행동
- 갈등 방지와 해결
- 학생 상담
- 1학년 학생
- 루브릭을 활용한 평가
- 자기주도적 학습
- 질문
- 답
- 적극적 학습으로의 초대
- 피드백(Feedback)
- 효과적인 강의식 교수법
- 효과적인 토론 수업
- 책 읽기 지도
- 온라인(Online) 수업
- 수업과 연계된 봉사활동
- 깊이 있는 학습
- 직접 교수법으로부터 탈출
- 효과적인 팀 프로젝트
- 팀 기반 학습(Team Based Learning)
- 지도교수님
- 기억에 남는 교수자

강의계획서

"The mind is not a vessel to be filled, but a fire to be ignited."
— Plutarch

효과적인 강의를 위해 교수자가 작성하는 교수 활동 계획을 강의계획서라고 한다. 교수자 대부분은 강의계획서에 수업 아웃라인Outline, 다뤄질 주제와 스케줄Schedule, 그리고 그 밖의 수업 관련 정보(교재, 오피스아워, 연락처, 시험 등)를 포함시킨다. 잘 작성된 강의계획서는 학생들에게 어떤 수업(교수법과 수업 포맷)인지, 수업의 목적은 무엇인지, 수업의 목표와 중요성은 무엇인지, 한 학기 동안 성공적으로 수업에 임하기 위해서는 무엇을 준비하고 얼마나 많은 노력을 기울여야 하는지를 명확하고 자세하게 알려준다. 강의계획서에 모든 정보를 다 포함시키는 것은 실제적으로 불가능하기 때문에 교수자는 자신의 수업과 학생들에게 꼭 필요한 내용을 중심으로 강의계획서를 작성한다. 한 가지 유의해야 할 점은 강의계획서의 분량이 지나치게 많지 않도록 주의한다. 학생들은 간결하고 명확한 강의계획서를 선호한다.

강의계획서에 포함해야 할 주요 내용

- **코스 정보** : 수업 타이틀Title, 수업 번호, 이수 시간, 전제 조건, 수

강 신청 시 교수자의 허락이 필요한지에 대한 여부, 강의실 번호, 요일, 그리고 시간 등

- **교수자 정보**: 이름, 직책, 연구실 위치와 번호, 연락처, 오피스 아워Office Hours, 비상 연락처, 만약 조교가 있다면 조교의 기본 정보
- **교과서**: 교과서 타이틀, 저자, 출판사, 발행 연도, 가격, 파는 곳 등 (가능하면 교과서로 선택한 이유와 사용 빈도를 명시)
- **추가적 읽을거리**: 교과서 이외에 추가적으로 학생들에게 읽을거리를 준비시키고자 한다면 필수로 구입해야 하는지, 아니면 옵션으로 구매를 권장하는지를 명시하여 알려준다.
- **기타 준비물**: 교과서 이외에 구입해야 하는 준비물을 명시한다. 특수한 수업에는 고가의 실험 장비, 미술 용품, 악기, 컴퓨터, 특수 계산기 등이 필요할 수 있다.
- **소개**: 수업(내용, 목표, 목적, 교수 방법, 교수자의 기대치, 수업의 중요성 등)을 간략하게 소개한다.
- **스케줄**: 주 차별로 배울 주제와 내용, 초청 강사의 특강, 견학, 시험, 퀴즈, 팀 프로젝트 등 중요한 일정과 데드라인Deadline을 명시한다. 강의계획서 스케줄과 실제 진도에 차이가 생길 경우 학생들이 불평을 할 수 있기 때문에 교수자는 이를 미리 염두에 두고 강의계획서를 준비한다.
- **코스 방침** :
  - 출석, 지각: 출석과 지각에 대한 방침(학점 반영률)

- 수업 참여도: 학생들이 학습 내용을 가지고 응용하고, 분석하고, 종합하려면 적극적으로 수업에 참여해야 한다. 만약 학생들의 적극적인 참여가 성공적인 수업을 위해 필수적이라고 판단되면, 교수자는 강의계획서에 이를 명시하고 수업 참여도가 얼마나 그리고 어떻게 성적에 반영되는지도 함께 설명한다.
- 기한을 넘긴 시험과 과제: 점수에 많은 영향을 미치는 사항이기 때문에 학생들이 많은 관심을 갖는 부분이다. 메이크업 시험Make Up Test과 과제가 가능한지, 또한 보너스Extra Point 점수는 어떻게 얻을 수 있는지에 대해 명시한다.
- 안전과 건강: 실험과 실습 위주의 코스에서는 자칫하면 학생들이 큰 위험에 노출될 수 있기 때문에 세부적인 안전 수칙에 대해 설명한다.
- 부정행위: 무엇이 표절이고 부정행위로 간주되는지 잘 모르는 학생들이 의외로 많기 때문에 교수자는 부정행위의 정의와 범위, 그리고 그에 따른 결과를 명확하게 설명하여 학생들이 올바른 개념을 갖고 수업에 임할 수 있도록 지도한다.
- 성적: 학생들이 가장 큰 관심을 갖는 부분이다. 어떤 평가 기준을 가지고 무엇을 어떻게 평가할 것인지에 대해 명확하게 명시한다. 성적 이의 신청 방법과 절차에 대한 간략한 설명도 포함시킨다.

- **학생 지원센터 소개**: 효과적인 학습과 즐거운 학교생활을 위해 학생들이 참여하고 지원 받을 수 있는 교내 관계 기관의 프로그램과 서비스에 대한 소개를 강의계획서에 포함해도 좋다.

- 도서관이 보유하고 있는 수업과 관련된 저널과 시청각 자료의 리스트
- 교수학습개발센터의 학생지원 서비스와 프로그램(학습동아리, 1:1 학습 코칭, 글쓰기 클리닉, 학습법 특강, 영어 논문 컨설팅, 멘토/튜터링 프로그램 등)
- 그 밖에 학생들에게 유익한 서비스를 제공하는 교내 관계 기관 소개(학생 상담센터, 취업센터 등)

잘 준비된 수업은 잘 만들어진 강의계획서로부터 출발한다. 강의계획서는 수업에 대한 교수자와 학생들과의 계약서이자 약속이다. 잘 작성된 강의계획서는 학생들에게 수업의 목적과 목표, 그리고 중요성에 대해 알려주고 학습 동기를 높여주는 역할을 한다. 게임의 룰이 명확하지 않으면 경기는 언제나 혼란스러울 수밖에 없다. 선수들이 선의의 경쟁을 하며 경기에 충실히 임할 수 있도록 명확한 규칙과 틀을 정해주는 것이 강의계획서 작성의 주목적이다.

강의 계획서에 대한 학생들의 말

- 매주 강의가 강의계획서대로 진행되었다면 더 좋았을 것입니다.
- 수업 방식이 확실하지 않아서 좀 그랬다. 확실한 개요 Syllabus가 있으면 좋겠다.
- 교수님께서 강의를 좀 중구난방으로 하시는 경향이 있었다. 진도를 나갈 때 따라가기 힘들었다.
- 딱히 정해진 목표가 없는 배를 타고 항해하는 느낌이 나는 강의였다. 그래서 따라가기 버거웠다.

- ✖ 무엇을 배우기 위한 수업인지만 알았더라면, 정말 좋았을 것이다.
- ✖ 수업의 취지가 무엇입니까? 수업계획서를 준비해주셨으면 좋겠습니다. 강의의 목적과 방향, OO학에 대한 대략적인 내용과 흐름을 간단히 제시해주는 강의계획서가 없어서 수업이 전반적으로 균형이 없고 갈피를 못 잡게 하는 부분이 많았습니다.
- ✖ 어디서부터 시작이고 어디까지가 끝인지 도무지 갈피를 잡을 수 없는 수업 내용과 강의계획서와 전혀 다르게 흘러가는 수업 진도는 감당하기 어려웠습니다.
- ✖ 이 강의가 강의 제목과 부합되는지 모르겠습니다.
- ✖ 초점Focus을 두고 가르쳐주세요.

수업 설계의 기본 전략

- **공정성** : 학생들에게 어떤 종류의 시험과 과제를 내 줄 것인가? 만약 교수자가 주관식 시험과 리포트만을 가지고 학생들을 평가한다면 글솜씨가 뛰어난 학생들에게는 자신이 배운 지식과 생각을 글로 잘 표현해 낼 수 있기 때문에 유리하지만, 그렇지 못한 학생들은 이런 방식의 평가제도가 자신들에게 불리하고 공정하지 못하다고 생각할 수 있다. 교수자가 고려할 만한 대안으로는 주관식 시험에 객관식 시험을 포함시키는 것이다. 공정성의 핵심은 학생들이 자신의 생각과 지식을 다양한 방법으로 입증할 수 있도록 수업을 설계하는 것이다.

- **유연성** : 학생들이 자신의 생각과 지식을 다양한 방법으로 입증할 수 있도록 다양한 종류의 평가 형식을 유연하게 사용한다. 예를 들어 에세이 시험을 치를 것인지, 아니면 주관식과 에세이가 혼합된 시험을 치를 것인지 학생들에게 선택권을 제공한다.

- **간결함** : 강의계획서, 수업, 활동, 그리고 평가 방법을 디자인할 때 교수자는 수업의 목적과 교수 방법을 간결하고 쉽게 이해할 수 있도록 한다. 복잡한 아이디어를 설명할 때는 콘셉트 지도Concept Map를 활용하고 교수자의 기대치를 학생들에게 분명하게 전달하기 위해 리포트와 프로젝트 평가를 위한 루브릭Rubric을 사용한다.

- **다양한 정보 공유 방법 활용** : 학생들은 다양한 정보를 여러 가지 방법으로 접한다. 어떤 학생은 시각적 정보를, 어떤 학생은 청각적 정보를 선호한다. 그렇기 때문에 교수자는 다양한 방법을 통해 지식을 전달해야만 한다. 많은 교수자들은 PPTPower Point Presentation나 프레지Prezi를 사용하여 학생들이 보고 들을 수 있도록 수업을 운영하고 있다. 추가적으로 강의 노트와 오디오 링크를 웹에 올려 놓는 것도 학생들에게 많은 도움이 된다.

- **준비** : 어떤 학생은 월등한 사전 지식을 가지고 준비된 상태로 수업에 들어오지만 어떤 학생은 사전 지식 없이 호기심과 열정만으로 수업에 들어오기도 한다. 교수자는 사전 지식이 천차만별로 다른

학생들의 필요와 요구를 충족시켜 주기 위해 철저히 준비되어 있어야 한다. 교수자는 사전 지식이 부족한 학생들을 위해 입문(기초) 자료를 수업 시간에 제공하고 반대로 사전 지식이 많은 학생들을 위해 수업 시간 외 추가적으로 수업과 학습에 도움이 될 만한 도서 목록을 제공해 준다.

- **집중력과 학습효과의 극대화** : 수업 시간에 졸고 있는 학생들이 많다면 교수자의 교수 방법에 치명적인 문제점이 있다고 볼 수 있다. 재미있는 영화를 보면서, 에너지 넘치는 콘서트 장에서 꾸벅꾸벅 조는 사람은 그리 많지 않다. 길고 긴 목사님의 설교와 끝날 것 같으면서 끝나지 않는 결혼식장의 주례사는 시작부터 끝까지 강의로만 이루어진 교수자의 수업과 별다른 점이 없다. 의자에 오랫동안 앉아 있을 수 있는 학생들도 이런 강의에 온전히 집중하는 것은 쉽지 않다. 아무리 중요한 내용을 가지고 아무리 유명한 교수자가 강의를 해도 학생들이 집중할 수 있는 시간은 제한되어 있다. 강의를 하다가도 개별적인 활동을 시키고, 그룹 활동을 하다가도 토론 시간을 가지며 수업을 버라이어티 쇼처럼 능수능란하게 운영하여야 한다. 이렇게 학생들의 집중력과 학습 효과를 극대화하는 것이야말로 베스트 티처가 가져야 하는 중요한 핵심 역량 중 하나이다. 어떻게 하면, 그리고 무엇을 통하여 학생들을 민첩한 상태로 유지시키고 피로를 최소화해 줄지에 대해 충분히 생각하고 헤아리며 수업을 설계하도록 한다.

- **교실 크기와 공간** : 교수자는 교실을 선택하지 못하고 대부분 배정 받는다. 배정 받은 교실이 수업에 최적화된 장소가 아니라고 판단 되면 학교 측에 교실 교체를 요청해 본다. 교실의 위치, 책상의 스타일, 창문의 개수, 소음도, 의자의 배치, 교실의 크기, 조명의 밝기 등은 학습활동에 직·간접적으로 영향을 미치기 때문에 미리 교실로 찾아가 직접 확인해 보고 어떻게 공간을 효율적으로 사용할지 생각해 본다. 만약 신체적 어려움을 가진 학생이 수업을 신청했다면(예를 들어 다리를 다쳐 휠체어를 타는 학생) 휠체어를 타고 교실로 접근하는 것이 용이한지를 따져 보아야 할 것이다.

> 💬 **교실 크기와 공간에 대한 학생들의 말**
>
> ⭕ 강의실이 환해서 좋았습니다.
>
> ✖ 강의실이 너무 넓어서 집중이 어려웠던 점이 아쉬웠다.

- **학습 공동체**: 교수자는 학생을 중심으로 생각하며 무엇을 가르칠까 고민하기보다, 학생들이 수업을 통해 과연 무엇을 배울 수 있을까 고민하는 태도를 가져야 한다. 그리고 교수자와 학생들이 함께 만들어 나가는 학습 공동체가 서로 윈윈Win-Win하며 지속적으로 성장해 나갈 수 있는 방법을 물색한다.

- **수업 분위기**: 학습 공동체가 무럭무럭 성장하기 위해 절대적으로

필요한 것 중 하나는 바로 수업 분위기이다. 교수자는 서로 협력하고, 다름을 존중하며, 가르치면서 배우고, 좋은 아이디어와 의견을 자유롭게 공유하는 수업 분위기 조성을 위해 학생들에게 따뜻한 관심을 갖고 그들의 이야기를 귀담아 듣는다. 학생들의 의견, 생각, 주장, 경험, 지식을 귀하게 여기며 새로운 지식을 학생들과 함께 만들어 나가는 교수자가 되도록 노력하고, 수업 분위기는 신뢰와 존중을 바탕으로 교수자와 학생들이 함께 만들어 나가는 것임을 명심하도록 한다.

💬 수업 분위기에 대한 학생들의 말

✱ 제일 아쉬운 점은 수업 시간이 무슨 명동 거리에 나온 느낌이었단 점이었습니다. 너무 시끄러웠어요.

✱ 수업 시간에 학생들을 좀 더 통제하실 필요가 있으신 것 같아요.

✱ 아이들이 많이 떠드는 등, 수업 분위기가 많이 안 좋았다. 교수님의 제재가 절실히 필요했던 수업이다.

✱ 원칙도 매우 중요하지만 다소 부드럽게 요즘 학생들의 분위기를 알아가셨으면 좋겠습니다.

⭕ 수업을 항상 편한 분위기에서 즐겁게 할 수 있었습니다. 또한 배운 것을 어떻게 응용하여 앞으로 자기 발전에 도움을 받을 수 있을지 진지하게 생각해 볼 수 있는 기회를 얻을 수 있었습니다.

⭕ 선생님의 순수한 미소와 웃음이 수업 분위기를 좋게 만들어 주었다.

자기 자신을 경영할 때 결정적으로 필요한 것들

- 감정적인 자가 인식 : 자신의 감정 상태를 잘 파악하고, 타인에게 어떤 영향을 미칠지 잘 아는 것
- 정확한 자가 진단: 자신의 장점과 단점을 아는 것
- 자기 확신 : 자신의 가치와 능력을 아는 것
- 감정 컨트롤 : 부정적인 감정과 일시적인 충동을 제어하고 관리하는 것
- 투명성 : 정직, 신뢰, 그리고 진실성
- 적응력 : 변화에 대한 적응과 유동성
- 성과 : 내 안의 훌륭한 기준에 부합하는 성과물을 위한 최선의 노력
- 이니셔티브 Initiative : 기회를 잡아 행동으로 옮기는 실천력

첫 수업과 소속감

"Educating the mind without educating the heart is no education at all."
— Aristotle

첫 수업 때 교수자가 염두에 두어야 할 점은 수업을 듣는 학생들이 한 배를 탄 학습 공동체의 소중한 일원이라는 점을 인식하도록, 그리고 건강한 소속감을 형성할 수 있도록 도와주어야 한다는 것이다. 전공에 대한 놀랍고 흥미로운 이야기를 통해 교수자의 관심 분야 세계로 학생들을 초대하고, 열정을 같이 공유하며 학생들의 에너지 레벨을 끌어 올려 준다. 학기 중 학생들의 에너지 레벨이 낮아졌다고 판단되면 학생들이 주도권을 잡고 수업에 적극적으로 참여할 수 있도록 팀을 구성하여 발표나 토론이 가능하게 지도한다. 수업 중 필요하다면 진도 나가는 것을 잠시 멈추더라도 학생들에게 절실하고 시급하게 필요한 기술들(예를 들어 도서실의 데이터베이스 검색 방법, 효과적인 팀 프로젝트 수행 방법, 참고 문헌 조사 방법, 구두 진술 전략 등)을 가르쳐야 한다. 교수자는 수업을 디자인할 때 학습을 촉진하는 견고한 환경과 구조를 갖추되, 학생들이 자발적으로 참여하고 지식을 서로 공유할 수 있도록 자리를 만들어 주어야 한다. 교수자와 학생들이 가지고 있는 다양한 요구와 기대치가 서로 잘 맞아떨어져야 성공적인 수업 운영이 가능하고 서로의 장점으로부터 혜택을 얻을 수 있는 효과적인 학습이 이루어진다.

첫 수업 때 교수자가 학생들로부터 파악해야 하는 내용

- 대학교육을 통해서 얻고 싶은 것은 무엇인가?
- 이 코스를 통해 얻고 싶은 것은 무엇인가?
- 다음 중 어떤 것이 가장 중요한가?
    ① 정보, 사실, 콘셉트, 원칙 등의 지식 습득
    ② 새로운 환경에서 새롭게 얻은 지식과 정보를 어떻게 적용하고 활용하는지에 대한 방법
    ③ 평생 학습 방법 습득 및 향상

학생들이 가지고 있는 수업과 교수자에 대한 기대치를 파악하여 수업 운영에 반영하는 것이 중요하다. 니즈Needs를 파악하여 제공하는 것은 간지러운 부분을 정확하게 긁어주는 것과 같은 맥락이고 수업에 대한 만족도를 높여주는 긍정적인 효과가 있다.

학생들의 기대치(수업 관련) 점검 퀴즈

- 왜 이 수업을 듣게 되었는가?
- 이전에 들었던 수업들 중 이번 수업과 관련된 수업들을 무엇인가?
- 이 수업에서 다뤄질 학습 주제와 관련 나는 어떤 경험들을 가지고 있는가?
- 이 수업에서 무엇을 배우기를 원하는가?
- 나는 16주간의 수업 중 몇 번 참여할 예정인가?
- 나에게 맞는 가장 효과적인 학습방법과 전략은 무엇인가?

- 내가 이 수업을 성공적으로 끝마치기 위해 넘어야 할 장벽들은 무엇인가?
- 이 수업에서 내가 기대하는 점수는?
- 지금 현재 나의 워크 로드 Work Load 는 어느 정도인가? (상, 중, 하)
- 이 수업에서 나는 기존에 택했던 수업들보다 (더 많은, 더 적은) 워크 로드를 기대하고 있다.

✓ 환영하는 수업 분위기 연출을 위한 5가지 전략

1. 진정성 있는 관심과 배려는 더하고, 오만한 행동은 뺀다.
2. 다른 것은 틀린 것이 아니라는 생각을 가지도록 지도한다.
3. 이름을 불러주고, 학생들이 언제라도 방문할 수 있도록 연구실 문을 활짝 열어 놓고, 수업 시작 전후로 격식 없는 편안한 대화를 나눈다.
4. 지적 호기심을 자극할 만한 이야기, 예시, 그리고 참고 자료 등을 사용하여 수업 콘텐츠를 구성한다.

소속감을 높이는 자기소개 시간

"Education is the most powerful weapon which
you can use to change the world."
— Nelson Mandela

첫 수업 때 한 학기 동안 같은 배를 타고 항해를 떠나는 학생들의 소속감을 높여주기 위해 자기소개 시간을 반드시 갖도록 한다. 먼저 학생들에게 5분의 시간을 주고 어떻게 자기 자신을 소개할지 생각해 보도록 요구한 후, 1분 정도의 창의적이고 전문적인 소개를 들어본다. 학생들의 이름, 전공, 관심사 같은 메마른 정보를 가지고 소개의 시간을 갖기보다 성찰을 필요로 하는 질문의 답을 가지고 자기 소개를 시켜보는 것도 좋은 방법이다.

4가지 질문

1. 나는 누구인가?
2. 나는 왜 여기에 있는가?
3. 나는 어디로 가고 있는가?
4. 나는 무엇을 원하고 있는가?

첫 수업을 마치기 전 학생들에게 추가적으로 자기 자신에 대한 에세이Essay(1~3페이지 정도)를 과제로 내준다. 제출된 에세이는 피드백을 해 준

후 다음 시간에 다시 수정해서 제출 하도록 요구한다. 두 번째 에세이는 더 깊게 생각한 후 쓰도록 지도하되 에세이 마지막 단락은 처음 에세이와 두 번째 에세이가 어떻게 다르고 왜 다른지에 대해 작성하도록 안내한다. 가르치는 대상이 누구인지 잘 알아야 잘 가르칠 수 있다. 교수자가 학생들을 알려고 노력하는 모습을 학생들은 부담스러워 하기보다 환영할 것이다.

자리 배치의 기능

"There are two types of teachers in the world :
there are those who play school and teachers that teach school."
― Matthew Dicks

효과적인 소통과 상호작용은 학습을 위해 반드시 필요하다. 수업 시간에 이루어지는 소통은 부분적이지만 자리 배치의 영향을 받는다. 자리 배치는 크게 전통적인 배치, 말굽(U) 배치, 그리고 모듈 배치로 나눌 수 있다. 전통적인 배치는 묘지의 비석처럼 자리들이 직선으로 옆과 아래로 늘어서 있는 열로 이루어져 있다. 대학 교실의 90% 이상이 이런 전통적인 배치다. 말굽이나 반원의 배치는 작은 수업이나 세미나에, 모듈 배치는 특화된 수업(과학 실습, 협동/팀 중심 수업)에 주로 사용된다. 교실에서 어떤 종류의 소통이 이루어지길 바라는지에 따라 교수자는 각 배치의 장점을 충분히 고려하여 선택해야 한다. 만약 방대한 지식을 전달하는 것이 교수자의 목표라면 전통적인 자리 배치가 최적이라 볼 수 있다. 왜냐하면 학생과 학생 사이의 상호작용은 최소화되고 포커스는 자동적으로 교수자에게 맞춰지기 때문이다. 그러나 전통적인 자리 배치에서 활발한 소통을 기대하는 것은 무리다. 말굽(U) 배치는 학생과 학생, 그리고 교수자와 학생들과의 상호작용이 성공적인 학습을 위하여 반드시 필요하다고 판단이 될 때 사용하면 적절하다. 특히 옳고 그른 답이 없는 내용을 다루는 수업에서는 말굽 배치가 최적이다. 팀워크가 중시되는 수업에는 학생과 학생 간의 상호작용을 최대화할 수 있는 모듈Module 배치가 바람직하다. 소그룹별로 학생들을 앉히기 때문에 같은 팀의 학생들과의 소통은 활발히 이루어지지만 다른 팀 소속의 학생들과는 자연스럽게 교류가 적어진다. 팀 프로젝트가 많고 협동 학습이 중심이 되는 수업에서 모듈 배치는 최선의 선택이라 볼 수 있다.

수업에 대한 학생들의 긍정적인 태도는 효과적인 학습과 밀접한 관계가 있고, 자리 배치는 수업에 많은 영향을 미치기 때문에 교수자는 어떤 형태의 자리 배치로 수업을 진행해야 할지 고민해야 한다. 학생들이 원하지 않고 수업의 특성을 고려하지 않은 자리 배치는 학습에 부정적인 영향을 미치기 때문이다. 학생들의 수업 참여 정도가 각기 다르기 때문에 교수자는 최대한 학생들에게 자리 선택의 자유를 준다. 수업 참여도가 높은 학생을 상호작용이 어려운 자리에 앉히거나, 수업 참여도가 낮은 학생을 관심과 소통의 중심에 앉히는 것은 학습에 방해가 되는 부정적인 영향을 미칠 수 있기 때문에 주의한다.

자리 배정 시 고려할 사항

- 학생들에게 자리 선택의 자유를 주었을 때 앞 줄을 선택한 학생들의 수업 참여도는 뒷줄을 선택한 학생들보다 높은 경향이 있다.
- 공부를 잘하는 학생들은 앞줄에 앉으나 뒷줄에 앉으나 좋은 성적을 유지하는 경향이 있는 반면, 공부를 잘 못하는 학생들이 앞줄에 앉으면 성적이 향상되는 긍정적인 결과를 얻을 수 있다.

- 말굽 배치에서 교수자의 정면에 앉아 있는 학생들이 가장 적극적으로 수업에 참여하는 경향이 있다.
- 수업에 적극적으로 참여하는 학생들은 그렇지 못한 학생들보다 상호작용이 높은 자리를 선호하는 경향이 있다.
- 발표에 어려움을 느끼고 상호작용을 부담스러워하는 학생들은 상호작용을 촉진하는 자리 배치를 꺼리는 경향이 있다.

전문적인 관계

"성추행 교수 구속", "OO대 성추행 사표 낸 교수 계속 강의", "성추행 교수 경찰 고발" 뉴스를 통해 교수자들의 성추행 사건을 종종 접하게 된다. 그럴 때마다 같은 교육자의 입장에서 안타까운 마음을 지울 수 없는 게 사실이다. 학생들과의 친밀한 관계를 유지하는 것은 매우 중요하다. 하지만 교수자는 학생들의 친구가 아니다. 가르치고 배우기 위해 만난 교수자와 학생들과의 관계는 프로페셔널Professional하고 서로를 신뢰하는 믿음이 바탕되어야 한다.

학생들은 교수자를 존경하지만 교수자의 친구가 되는 것은 바라지 않는다는 점을 잊지 말고 학생들과 친밀하되 반드시 전문적인 관계Professional Relationship를 유지한다.

라포르Rapport 형성

"Every child should have a caring adult in their lives.
And that's not always a biological parent or family member.
It may be a friend or neighbor. Often times it is a teacher."
— Joe Manchin

　주어진 짧은 시간에 많은 내용을 가르치는 것도 중요하지만 교수자는 학생들과의 정서적, 관계적 유대관계를 우선적으로 견고하게 구축해야 한다. 서로를 신뢰하고 존중하는 마음 없이 교육의 효과를 기대하는 것은 분명히 무리다. 학생들의 관심을 사고, 완전한 몰입과 참여를 유도하기 위해서는 교수자와 학생들 간의 상호작용이 활발히 이루어져야 한다. 상호작용이 중요한 이유는 수업 내용에 대한 학생들의 이해도와 수업에 대한 만족도를 높이는 데 직접적인 영향을 미치기 때문이다. 라포르는 교수자와 학생들과의 상호작용의 시작점이라 볼 수 있다. 학기 초에 교수자가 총력을 기울여야 하는 부분이 바로 라포르 형성이다. 라포르를 형성하기 위해서는 우선 학생들을 존중해야 한다. 질문할 시간을 주고, 교수자의 의견에 자유롭게 도전하도록 허락하고, 열린 토론을 장려하는 것은 교수자가 학생들을 존중하고 있다는 분명한 메시지다. 빈정댐과 무관심은 비언어적 메시지(자세, 눈빛, 얼굴 표정, 몸짓 등)로 전달되기 때문에 특히 유의해야 한다. 학생들은 이런 비언어적 메시지에 민감하며 포착이 빠르다. 교수자의 의도와는 다르게 학생들이 전달된 메시지를 부정적으로 받아들일 수 있고, 오해를 불러일으킬 수 있기 때문에 교수자는 말뿐만이 아니라 행동도 신중해야 한다. 라포르 형성을 위해 학생들의 프라이버시Privacy를 지켜주고, 올바른 단어 선택은 기본적으로 지켜져야 하는 사항이다.

많은 연구에 의하면 유머, 칭찬, 수업 시간외 학생들과의 대화, 교수자의 자기노출Self-disclosure, 그리고 용기를 북돋아 주는 것 등은 학생들의 학습활동에 긍정적인 영향을 미친다고 한다. 학생들이 교수자를 어떻게 생각하느냐에 따라 수업 만족도와 성취도가 높아지기도 하고 낮아지기도 하는 것이다. 교수자에 대해 좋은 인상을 가지고, 친밀한 관계를 유지하고 있는 학생들의 학업 성취도는 당연히 교수자에 대해 좋지 않은 인상을 가지고, 불편한 관계를 유지하고 있는 학생들의 학업 성취도보다 월등하다. 라포르가 충분히 형성되지 않은 상태에서 아무리 유용한 지식을 가르치더라도 받아들이는 학생들의 마음이 열려 있지 않다면 원하는 교육의 효과와 결과를 얻지 못한다.

교수자의 열정, 전달력, 명쾌한 설명, 상호작용, 그리고 라포르는 효과적인 수업에 반드시 필요한 조건이다. 그중에서도 라포르는 학생들의 적극적인 참여를 가능하게 만들어 주는 중요한 역할을 한다. 교수자가 학생들과의 신뢰를 견고하게 구축하고, 언제나 연구실을 열어 놓고, 안전한 수업 분위기를 만들며, 지나친 통제를 하지 않고, 학생들과 협동적인 관계를 맺고 있다면 라포르는 이미 충분히 형성되어 있다고 보면 된다. 학생들은 교수자가 자신을 진심으로 돌봐주고, 자신에게 개인적인 관심을 가져준다고 생각할 때 감동을 받고, 그 교수자를 오랫동안 기억하게 된다. 교수자는 지식 전달자일 뿐만 아니라 위대한 동기부여자, 전문가, 감정가, 심판, 평가자이기도 하다. 효과적인 학습이 일어나기 위해 교수자와 학생들은 서로 협동하여 수업을 만들어 가야 하는 책임이 있다. 라포르의 중요성이 부각되는 이유가 바로 여기에 있다.

> **라포르에 대한 학생들의 말**
>
> ✖ 교수님이 막말 좀 안 했으면 좋겠다.
> ✖ 위엄 있는 교수님보다 친절한 교수님이었으면…….
>
> ---
>
> - 수업에 흥미를 갖게 해 주시고 개개인에게 꼼꼼하게 신경 써 주셔서 좋았다.
> - 교수님은 학생들에게 관심이 많고 인자하셨다.
> - 9시 수업임에도 불구하고 열심히 강의해주신 것과 학생들 개개인에게 신경을 써 주신 점 감사합니다.
> - 학생 한 명 한 명을 관리하는 사려 깊은 교수님의 모습이 인상적이었습니다.
> - 개별적으로 하나하나 봐주시고 신경 써주시는 점이 좋았다.
> - 교수님이 열정을 가지고 전공은 물론 학생들의 진로를 위한 자기 계발에까지 도움을 주시려 노력하셨습니다. 그러한 노력과 학생들에 대한 고민에 대해 감사하게 생각합니다.

라포르는?

- 학생의 학습활동에 관심을 가지는 것
- 학생들이 가지고 있는 질문에 대한 답을 스스로 찾도록 도와주는 것
- 학생들의 학업 부진에 대한 이유 있는 피드백을 하는 것
- 수업 시간 외 학생과의 교류(전화통화, 이메일, SNS 등을 통해서)

사고 과정 자체를 고찰하는 능력

"When our students fail, we, as teachers, too, have failed."
— Marva Collins

    학생들은 스스로 온전히 학습할 수 있다는 전제하에 교육에 임하는 것보다 학생들이 효과적으로 학습할 수 있도록 먼저 가르쳐 주는 것이 교수자의 해야 할 중요한 일 중 하나이다. 그러기 위해 교수자는 수업을 시작하기 전 학생들에게 메타인지적 지식에 대해 명쾌하게 가르쳐 주어야 한다. 메타인지는 개인의 인지와 인지적 활동의 조절에 관한 지식, 알기 및 알아가는 방법에 관한 지식을 말한다. 효과적인 학습을 위해서는 학생들은 자신이 새롭게 배운 내용과 습득한 지식을 잘 이해하고 있는지를 모니터링하고, 새롭게 접한 정보가 자신이 알고 있던 지식과 일치하는지, 그리고 문제를 해결하기 위해 어떤 추가적인 정보나 지식이 필요한지 등을 잘 파악해야 한다.

    교수자는 전공과 관련된 내용을 가르치는 것뿐만 아니라 학생들에게 여러 방식의 메타인지 점검과 통제 방식을 가르쳐야 하고, 학생들은 자기주도적으로 이런 방법들(학습 계획, 전략 선택, 학습 프로세스 점검, 오류 수정, 학습 전략의 효과 분석, 학습 행동과 전략의 변경 등)을 적용하여 능숙하게 사용할 수 있어야 한다. 또한 교수자는 학생들이 자신의 사고 과정을 스스로 들여다보고 관리하는 능력을 키워나갈 수 있도록 지도하고 자신의 생각에 대한 의문점을 제기하는 습관을 들여 나갈 수 있도록 격려해야 한다.

| 학습에 대한 메타인식 점검 질문 (학습자용)

- **수업**
    - 이번 수업에서의 목표는?
    - 이 주제에 대해 내가 이미 알고 있는 것은 무엇인가?
    - 어떻게 이 수업을 효과적으로 준비할 수 있을까?
    - 수업 시간에 어디에 앉고, 무엇을 하거나 하지 말아야 이 수업에서 많이 배울 수 있다고 생각하는가?
    - 이 주제에 대해 더 많은 것을 배우기 위해 나는 어떤 질문을 해야 하나?
    - 수업을 통해 어떤 견문과 학식을 새롭게 얻었는가? 어떤 것이 이해하기 어려운가?
    - 새롭게 떠오른 질문은 무엇인가? 이런 질문들을 기억할 수 있도록 다른 곳에 적어 놓았는가?
    - 수업이 흥미로운가? 그렇다면 이유는? 그렇지 않다면 이유는? 수업 시간에 다루어지는 주제가 개인적으로 관련이 되도록 하려면 무엇을 어떻게 해야 하는가?
    - 수업 시간에 다루어지는 많은 정보들 중에서 가장 중요한 정보를 구별해 낼 수 있는가? 그렇지 않다면 무엇을 어떻게 해야 하는가?
    - 오늘 수업 시간에 들었던 내용 중 기존에 이해하고 있던 내용과

충돌되는 것이 있는가?
- 오늘 수업은 지난 수업과 어떤 관련이 있는가?
- 내가 궁금해하는 질문에 대한 답을 얻거나 헷갈리는 주제를 명확하게 이해하기 위해서 내가 지금 해야 할 것은 무엇인가?
- 오늘 수업에서 가장 흥미로웠던 것은 무엇인가?

- **적극적인 학습과 과제**
  - 이 과제를 통해 교수자가 학습자로부터 무엇을 배우길 원하는지 아는가?
  - 이 과제를 성공적으로 끝마치기 위해 나는 무엇을 어떻게 해야 하는가?
  - 이 과제를 성공적으로 끝마치기 위해 나에게 필요한 전략은 무엇인가? 어떻게 전략을 갖출 수 있는가?
  - 이 과제를 성공적으로 끝마치기 위해 얼마나 많은 시간이 필요한가?
  - 전에 비슷한 경험이 있다면 이번엔 더 잘하기 위해 무엇을 어떻게 다르게 해야 하는가?
  - 어떤 전략이 학습에 도움이 되고 어떤 전략이 학습에 도움이 되지 않는가?
  - 이 과제를 성공적으로 끝마치기 위해 추가적으로 필요한 것은 무엇인가? 그밖에 필요한 것을 얻기 위해 나는 무엇을 어떻게 해야 하는가?

- 이 과제를 하면서 가장 어려운 점은 무엇인가? 가장 헷갈리는 점은 무엇인가?
- 가장 어렵고 헷갈리는 점을 해결하기 위해 무엇을 다르게 시도해야 하는가?
- 이 과제의 목적을 어느 정도 달성하였다고 생각하는가?
- 얼마나 많은 리소스를 사용하였는가?
- 나의 과제물 중 어떤 점이 강점이고 약점이라고 생각하는가?
- 내가 만약 이 과제를 다시 해야 한다면 어떤 점을 다르게 하고 싶은가? 어떤 점이 잘되었는가?

• 퀴즈와 시험
- 어떤 전략을 가지고 공부를 할 것인가?(예. 스터디 그룹, 문제 세트, 연습 퀴즈, 교수자와 면담, 복습 등)
- 얼마나 많은 시간을 공부에 투자할 예정인가?
- 지금 현재 이해하고 있는 것을 바탕으로, 코스 내용 중 어떤 것에 선택과 집중을 해야 하는가?
- 나는 시험에 대한 체계적인 준비가 어느 정도 되어 있는가?
- 나는 학교의 학습 지원 프로그램을 어느 정도 활용하는가?
- 나는 학습에 대한 충분한 동기부여가 되어 있는가? 만약 그렇다면 이 코스를 듣는 이유를 명확하게 기억하는가?
- 헷갈리는 점을 명확히 이해하였는가? 어떻게 이해하게 되었는가?
- 아직도 헷갈리는 점은 있는가? 어떻게 하면 명확하게 이해할 수

있는가?
- 효과적으로 시험 준비를 하는 방법은 무엇인가?
- 시험 준비 때 올바르지 못한 방법은 무엇인가?
- 어떤 문제를 틀렸는가? 이유는? 나의 답과 정답과는 어떤 차이가 있는가? 아직까지 이해가 안 가는 것은 무엇인가?
- 이 코스에서 배운 내용이 나에게 중요한 이유는 무엇인가?
- 이 코스를 성공적으로 마치는 것과 나의 진로는 어떤 관계가 있는가?
- 이 코스에서 나의 학습 정도를 어떻게 모니터링할 것인가?
- 이 코스에서 가장 배우고 나가고 싶은 것은 무엇인가?
- 이 코스를 마친 후 나의 어떤 능력이 향상되면 좋겠다고 생각하는가?
- 이 코스는 나의 학습에 어떤 도움을 주는가? 어떻게 극대화할 수 있을까?
- 이 코스는 나의 학습에 어떻게 도움이 되지 않는가? 도움이 되도록 바꾸려면 어떻게 해야 하는가?
- 이 코스는 얼마나 흥미로운가? 더욱 흥미로운 코스가 되기 위해 내가 해야 할 일은 무엇인가?
- 5년이 지난 후 이 코스에서 배운 내용 중 무엇이 기억에 남을 것 같은가?
- 다른 사람에게 이 코스를 추천해 줄 때 무슨 조언을 해 줄 것인가?
- 만약 내가 이 코스를 가르친다면 교수자와는 어떻게 다르게 가르

칠 것인가?
- 이 코스를 통해 배운 내용들을 어떻게 미래에 적용하고 사용할 것인가?

| 티칭Teaching에 대한 메타인식 점검 질문 (교수자용)

- 이 수업의 목표는 무엇인가? 어떻게 목표를 달성 할 수 있는가?
- 학생들이 이미 알고 있다고 생각되는 토픽/주제/내용은 무엇인가? 그렇게 생각하는 이유와 증거는 무엇인가?
- 어떻게 하면 가르치는 내용이 학생들의 삶과 연결되어, 흥미와 관심을 불러일으킬 수 있는가? 왜 그렇다고 생각하는가?
- 지난 수업 시간 때 어떤 실수를 하였는가? 똑같은 실수를 반복하지 않기 위해 나는 무엇을 어떻게 해야 하는가?
- 수업 시간에 학생들이 특정 반응이나 행동을 보이는가? 왜 이러한 현상이 일어난다고 생각하는가?
- 올바른 어법이나 교수 전략을 사용하여 학습을 촉진하는가? 아니면 반대로 학습을 방해 하는가?
- 수업 진도는 적절한가? 수업을 질적으로 향상시키기 위해 지금 내가 당장 해야 할 일은 무엇인가?
- 나의 교육을 통해 어떤 점이 학생들의 목표 달성에 도움이 된다고 생각하는가? 어떻게 하면 더욱 성공적인 전략으로 발전시킬 수 있는가?

- 어떤 면에서 나의 교수법이 학습에 도움이 되지 않는다고 생각하는가? 어떻게 도움이 되도록 바꿀 수 있는가?
- 이전에 가르쳤던 코스와 이번 코스는 어떻게 다른가? 다르다면 이유는 무엇인가?
- 내가 가르치는 코스와 학생들의 성공적인 미래와는 어떤 관련이 있는가? 이 관련성을 학생들에게 어떻게 전달할 것인가?
- 나의 수업을 들은 학생들이 무엇을 얻어 나가길 원하는가? 5년 뒤 그들이 무엇을 기억하길 원하는가?
- 오늘 수업은 어떻게 진행되었는가? 왜 그렇게 생각하는가? 그렇게 생각하는 이유는?
- 오늘 수업이 이전 수업과 어떻게 관련 또는 연관되어 있는가? 이 연관성을 학생들이 어느 정도 볼 수 있는가?
- 오늘 수업이 다음 수업을 준비하는 데 어떻게 영향을 미치는가?
- 학생들이 내가 가르치려 하는 것을 제대로 배웠다는 것을, 무엇을 통해 또는 어떤 증거로 알 수 있는가?
- 이 코스를 성공적으로 마치는 데 도움이 되기 위해 다음에 이 코스를 수강하려는 학생들에게 어떤 조언을 해 주고 싶은가?
- 다시 내가 이 코스를 가르친다면 무엇을 바꾸고 싶은가? 이유는? 바꾸는 데 방해물이 되는 것은 무엇인가?
- 현재 나의 교수법이 어떻게 바뀌고 있는가?

문제 행동

"Education is the ability to listen to almost anything
without losing your temper."
— Robert Frost

교수자는 교실에서 학생들의 성숙하지 못하고, 생각 없는 행동들을 종종 접하게 된다. 이러한 행동들은 학생들과 교수자의 정신을 산란하게 만들어 집중을 못 하게 하고, 참여를 방해하고, 가르치고 배움에 대한 동기를 저하시키고, 공정한 평가에 부정적인 영향을 미치며, 시간을 비생산적으로 허비하게 만든다.

✓ **교수자를 고민하게 만드는 대표적 문제들**

- 학생들의 바르지 못한 태도(무례한 행동과 에티켓)
- 무단 지각·무단결석, 수업 도중 나가는 행위
- 비판적 사고의 결여
- 무관심·무반응(성적만을 위한 공부)
- 낮은 학업 성취도, 수업 참여도, 마감 기한 무시
- 듣고, 말하고, 읽고, 쓰는 역량의 차이가 심할 때(난이도 설정의 어려움)
- 수업과 교수자에 대한 학생들의 비생산적이고 감정적인 반응
- 낮은 사전 지식 수준과 수업 준비 미비
- 수업 시간에 개인적인 일로 바쁜 학생들(불필요한 스마트 폰 및 컴퓨터 사용)
- 부정 행위
- 점수 주기와 평가하기(상대평가)
- 다른 문화권 외국인 학생 지도(그룹 프로젝트 관련 문제)

| 원인

1. 학생 개인적인 이유들

좋지 못한 건강 상태, 처리하기 어려운 문제들, 새로운 환경에 대한 부적응, 자존감 결여, 미성숙함, 그리고 공부의 어려움 등 여러 가지 개인적인 이유 때문에 학생들은 교실에서 문제 행동을 보일 수 있다. 교수자는 학생들의 문제를 직접 해결하려고 노력하기보다 먼저 학생들의 이야기를 들어주고 도움이 될 수 있는 서비스나 프로그램을 권유해 주는 것이 바람직하다. 문제 행동의 원인에 따라 학교에 있는 보건실, 상담센터, 교수학습개발센터에서 제공하는 서비스나 프로그램을 소개해 준다.

2. 코스의 구조

- 동기부여 요소 : 학생들의 무례함과 문제 행동의 원인을 교수자에게서 찾아야 하는 경우도 있다. 부정적인 동기부여 요소(공포, 자책감, 창피함 유발)를 사용하는 교수자는 긍정적인 동기부여 요소(칭찬, 격려)를 사용하는 교수자보다 더 많은 문제 행동을 교실에서 경험한다는 연구결과들을 접하게 된다. 그렇기 때문에 교수자는 학생들의 동기를 유발하기 위해서 어떤 종류의 동기부여 요소를 사용하고 있는지 점검해 보아야 한다. 무조건적으로 부정적인 동기부여 요소를 배제하라는 건 아니지만(상황에 따라 적절한 액션플랜[Action Plan]이 있다면 부정적인 동기부여 요소가 효과적일 수도 있기에) 부정적인 동기부여 요소를 사용하는 것은 신중히 검토해야 한다.

- 따스함과 친근함을 나타내는 말과 행동 : 교수자의 수업에 대한 열

정이 부족하다고 느끼는 순간, 학생들도 마찬가지로 수업에 대한 열정을 잃게 되고 문제 행동들을 보일 수 있다. 교수자의 말과 행동에 거리감이 있거나, 따스함을 느낄 수 없다면 학생들은 수업의 가치를 절하할 수도 있고, 수업 내용과 구조가 불명확하고 체계적이지 못하다고 느껴 불만이 생길 수도 있게 된다.

방안

• 처음부터 기대치를 명확하게 설명한다

학기 첫 수업에 어떤 행동이 문제 행동이고 용납될 수 없는지 학생들에게 명쾌하게 설명하여 교실에서 어떻게 행동해야 하는지 알려준다. 또한 강의계획서에 언행, 품행, 그리고 예절에 관한 행동 방침과 그 이유에 대해 명확하게 언급하여 바람직하지 않은 행동들이 억제될 수 있도록 준비한다. 특히 수업 시간 중 스마트 폰 사용 관련 방침은 반드시 마련하는 것이 좋다.

• 첫 단추를 잘 꿴다

첫 수업에서 교수자가 반드시 달성해야 하는 미션Mission은 생산적인 상호작용을 위해 올바른 수업 분위기를 조성하는 것이다. 강의계획서에 명시되어 있는 중요한 방침을 강조하여 알려주고 교수자 스스로 본보기가 되는 모범적이고 바람직한 행동을 몸소 실천하여 학생들의 롤모델이 되어 주어야 한다.

- **그라운드 룰 만들기**

교수자가 원하는 행동 규범 이외에 학생들의 참여를 유도하여 수업 운영과 관리에 필요한 추가적인 기본 원칙과 규칙을 만들어 그라운드 룰에 포함시킨다. 모든 교실에서 학생들을 참여시켜 그라운드 룰을 만드는 것이 실현 불가능할 수도 있지만, 만약 가능하다면 학생들이 자체적으로 서로 협의 하에 그라운드 룰을 만들 수 있게 시간과 기회를 주도록 한다. 먼저 학생들에게 안 좋았던 토론식 수업이나 다른 학생 때문에 학습에 방해를 받았던 수업들을 돌이켜 보게 한 후 그라운드 룰을 만들 때 참고하도록 지도한다. 어떤 내용을 그라운드 룰에 포함할지, 포함하지 않을지에 대한 최종 선택은 교수자가 한다.

- **익명성을 멀리한다**

특히 교수자는 대형 강의에서 학생들의 문제 행동을 더 많이 경험한다. 누가 누군지 잘 모르는 환경 속에서 몇몇 학생들은 익명성을 악용하여 수업에 부정적인 영향을 미치는 행동을 한다. 대형 강의를 맡고 있다는 이유만으로 학생들의 이름을 외우고 불러주는 책임에서 자유로워질 수는 없다. 학기 내내 학생들의 이름을 외워 나간다는 마음가짐을 가지고 수업에 임하면 학생들도 교수자의 노력을 알아차리게 될 것이다.

- **일대일 대면**

수업 전후, 점심시간, 저녁시간, 휴식시간을 활용하여 학생들과 끊임없이 소통하는 교수자가 학생들에게 높은 강의 평가를 받는 것은 어떻게 보면 당연하다. 수업에 관련된 이야기뿐만 아니라 학생들이 가지고 있는 관심사, 주말 계획 등 수업과 직접적으로 관련이 없는 이야기까지도 학생들과 함께 나누며 다가가기 쉽게 연구실 문을 활짝 열어 놓은 교수자를 과연 누가 싫어할 수 있을까?

• **피드백 구하기**

학생들의 문제 행동은 교수자의 문제 행동으로부터 야기될 수 있다. 교수자의 무단 지각, 보강 없는 휴강, 수업 시간 미준수, 체계적이지 못한 수업, 무례한 태도, 말 끊기 등은 교수자가 피해야 하는 행동들이다. 교수자는 학생들이 가지고 있는 자신에 대한 인식에 대하여 솔직 담백한 피드백을 받아야 한다. 학기 말까지 피드백을 기다리지 말고, 조기에 비공식적이라도 학생들에게 강의 평가를 받아본다. 그래야만 수업을 개선하고 정비할 시간적 여유를 갖게 되기 때문이다. 또 다른 방법은 각 수업마다 학생 대표를 선발하여 활용하는 것인데, 학생 대표를 통하여 수업을 듣고 있는 전체 학생들의 요구사항과 개선점을 정기적으로 수렴하여 수업에 적극 반영하는 것이다.

• **적극적 학습 독려**

적극적인 학습을 하는 학생들은 다음과 같은 특징이 있다.

- 수업과 수업 준비에 대한 책임을 더욱 느낀다.
- 수업 시간에 더욱 집중한다.
- 자신의 학습에 대한 책임감이 강하다.

적극적 학습은 학생들의 배움과 학업 성취도에 밀접한 관련이 있을 뿐만 아니라 학생들의 행동에도 큰 영향을 미친다. 야구장에서 경기를 관람하는 것처럼 수업 시간에 교수자와 다른 학생들을 구경하고 있는 수동적인 학생들이 많으면 안 된다. 교수자는 학생들이 적극적으로 학습에 임할 수 있도록 수업을 진행해야 한다.

갈등 방지와 해결

"Advice is sometimes transmitted more successfully
through a joke than grave teaching."
— Baltasar Gracian

    논란의 여지가 많은 내용을 가지고 수업을 진행할 경우 학생들과 충돌하거나 갈등이 생길 수도 있다. 교육학 입문 코스이든 논문 세미나든 언제든지 다양한 이슈와 환경으로 예상하지 못했던 갈등이 발생할 수 있다. 수업에 늦게 오기도 하고, 수업이 끝나기도 전에 미리 나가는 학생들도 있다. 무단으로 출석을 안 하는 학생들도 있고 시험 문제나 학점에 대한 불평을 대놓고 하는 학생들도 있다. 학생들의 무례한 태도, 행동, 발언으로 인하여 갈등이 생기기도 하지만 비꼬거나 빈정대는 코멘트, 그리고 수업 시간 중 무의식적인 보디랭귀지(한숨 소리, 하품 등)에 의하여 어떤 갈등은 교수자의 행동에 의하여 야기되기도 한다. 수업에 대한 오해를 불러일으키고 교수자의 의도가 본의 아니게 공격적이고 무례하게 보여져 학생들이 불쾌감을 느낄 수 있다.

    또 다른 갈등은 다름의 차이 때문에 발생한다. 이념적으로 사회적으로 다른 견해나 철학 때문에 화가 나기도 하고, 소외감이 들기도 하며, 적대감이 생기기도 한다. 예고 없이 발생하는 이런 갈등과 충돌에 교수자가 효과적으로 대처할 준비가 되어 있지 않다면 사태는 심각해지고 더 이상 효과적인 수업은 이루어지기 힘들게 된다. 수업 역학에 관련된 많은 연구에 따르면 사소한 사건이 대형 사고로 발전해 나가는 것을 미연에 방지하기 위해선 교수자가 효과적인 대인관계 소통 방법을 숙지하고 사용해야 한다고 제시한다.

기대치를 명확하게 한다

학생들이 손꼽는 교수자에 대한 가장 큰 불만은 교수자의 기대치가 불분명하고, 불공평하다는 것이다. 학생들이 가지고 있는 불만은 교수자와의 갈등과 대립으로 이어지기 때문에 교수자는 가장 적절한 시간에 가장 적절한 방법으로 갈등과 충돌 요소를 관리하여야 한다. 교수자가 코스에 대한 기대를 어떻게 정의 내리느냐에 따라, 강의계획서에 기대치가 어떻게 반영되어 있는가에 따라, 기대치가 시험과 학점에 어떤 영향을 미치는가에 따라 교수자에 대한 학생들의 태도는 달라진다. 학생들이 가지고 있는 교수자의 기대치에 대한 주요 불만은 다음과 같다.

- 이해하기 힘들고, 독단적이고, 제멋대로인 학점 제도
- 과제에 대한 불분명한 평가 기준
- 지각, 과제 미제출, 출석, 보충과제, 재시험에 대한 충분하지 못한 방침
- 수업 시간에 다루어지는 코스와 관련 없는 주제들

위에 나열한 사안들은 교수자와 학생들 관계에 큰 갈등으로 발전될 수 있기 때문에 교수자는 강의계획서를 확실히 검토하여 코스 관련 방침, 기대치, 그리고 설명을 더욱 명확히 해야 한다. 동시에 강의계획서

를 규칙과 벌로 가득 찬 리스트로 만들지 않도록 주의해야 한다. 그 대신 교수자의 기대치를 "이 코스를 성공적으로 마치기 위하여"라는 일반적인 루브릭Rubric에 상세히 명시해 준다. 전공을 불문하고 학점과 평가 방침은 갈등과 충돌의 요소가 가장 큰 부분이다. 그렇기 때문에 교수자는 학생들이 가장 민감하게 여기는 모든 평가에 대해 이해하기 쉽게 설명하고 공평한 기준을 제시하는 것이 반드시 필요하다.

> ### 과제에 대한 학생들의 말
>
> ✱ 과제가 과도하게 많아서 힘들었습니다. 그리고 채점 방식이 좀 더 객관적이었으면 좋겠습니다. 또한 공지 없이 과제 내용이 바뀌는 것도 개선해 주셨으면 좋겠습니다.
> ✱ 과제에 대한 상세한 설명이 부족해서 어렵다고 느낄 때가 많았다.
> ✱ 과제에 대한 명확한 기준 제시 없이 학생들의 과제를 평가하는 것은 무의미하다고 생각합니다.
>
> ----
>
> ● 많은 과제물에 시달리며 힘들었습니다. 하지만 그 많은 과제물을 하며 그만큼 성장할 수 있었던 것 같습니다. 많은 새로운 경험들을 할 수 있었고, 힘든 작업을 하며 동료들과도 친목을 도모할 수 있어 좋았습니다.
> ● 힘든 과제들이 많이 있었지만, 그래도 새로운 걸 배울 수 있는 좋은 기회였습니다.

결속력을 높여라

　학생들의 학습을 증진시키기 위하여 긍정적인 수업 분위기와 라포르Rapport 형성은 매우 중요하다. 왜냐하면 수업 시간에 예고 없이 찾아오는 충돌과 갈등을 미연에 방지해 주는 중요한 역할을 수행하기 때문이다. 다른 구성원들로부터 소외감을 느끼는 학생과 교수자의 관심과 주의로부터 거리를 두는 학생은 수업 시간에 다른 학생보다 더욱 공격적이고 도발적인 행동을 보이는 경향이 있다. 교수자와 학생 사이에 서로 통한다는 친밀한 느낌 없이 수업이 진행된다면 학습 성취도, 수업 만족도, 그리고 강의 평가에 대한 결과는 기대에 못 미칠 것이 분명하다. 학기 내내 언제 터질지 모르는 시한폭탄과 함께 수업을 하고 있다는 느낌을 받고 있는 교수자에게 절대적으로 필요한 것은 학생들과의 신뢰 구축과 친밀 관계 유지다. 수많은 교수 평가 관련 연구 결과를 살펴보면 배려와 보살핌을 받고 있다는 느낌이 학습 결과에 큰 영향을 미치는 요소로 작용한다는 것을 알 수 있다. 만약 학생들이 교수자로부터 배려와 보살핌을 받고 있다는 느낌을 받고 있는 생각이 들면 수업과 교수자에 대해 긍정적인 태도를 갖게 된다.

　수업 시간에 구성원들의 결속력을 높이기 위해서는 먼저 학생들끼리 그리고 학생들과 교수자 간 서로 친밀 관계를 유지해야 한다. 첫 수업 시간이 중요한 이유가 여기에 있다. 첫 수업 시간에 교수자는 잘 기획된 오리엔테이션을 통해 자연스럽게 구성원들의 결속력을 높여 주어야 한다. 학생들이 소속감을 느껴야 결속력이 높아지고 결속력이 높아져야 수업 중 지켜져야 하는 규칙Ground Rule과 사회규범Social Norm을 위반하지 않게 되기 때문이다. 이와 함께 교수자는 학생들에게 적극적으로 다가가 교수자와 학생 사이에 존재하는 심리적 거리를 좁히는 데 많은 노력을 해야 한다. 효과적인 방법 중 하나는 교수자의 사적인 정보(어떤 영화를 좋아하는지, 취미는 무엇인지, 가장 기억에 남는 여행지는 어딘지)를 공개하여 교수자의 다른 인간적인 모습과 역할을 보여 주는 것이다. 교수자의 사적인 정보를 접한 학생들 대부분은 교수자에 대한 좋은 느낌과 감정을 갖게 된다.

학생들의 이름을 빠른 시일 안에 외워라

이름을 기억하고 불러준다는 것만으로도 학생들은 교수자로부터 케어Care를 받고 있다는 느낌을 받아, 교수자와 수업에 더욱 집중하게 되고 신경을 쓰게 된다. 자신에게 알맞은 이름 암기법을 찾아 학생들의 이름을 불러 주어야 한다.

대형 강의의 경우 학생들의 이름을 모두 외우기 어렵다면, 반드시 학생의 이름을 먼저 물어본 다음 소통을 해야 한다. 요즘에는 출석부에 학생 이름과 사진이 같이 올라오기 때문에, 조금만 노력을 기울인다면 학생들을 기억하는 데 큰 어려움은 없을 것이다.

팀 프로젝트, 조별 활동을 적절히 활용하라

팀 프로젝트와 조별 활동은 학생들의 참여를 유도하여 정적인 수업을 활기차게 만들어 준다. 서로의 아이디어를 공유하여 학습적인 효과를 높이기도 하지만 궁극적으로 팀 프로젝트나 조별 활동은 수업 시간에 구성원들끼리의 결속력을 높이는 좋은 전략이다.

수업 형식과 격식

자유롭고 형식에 얽매이지 않는 자유분방한 수업 스타일을 고수하다 보면 갈등이나 충돌이 쉽게 확대되어 갈 확률이 높아진다. 너무 딱딱하지 않는 선에서 어느 정도 격식을 갖춘 수업 분위기를 조성하고 유지하는 것이 수업을 운영할 때 갈등과 충돌을 미연에 방지하는 데 도움이 된다. 그러나 친밀한 관계 유지를 위해서 교수자가 학생들의 친구가 되어야 할 필요는 없다.

피드백

대부분 교수자는 학생들의 피드백을 학기가 끝난 후 한번 받는다. 어떤 학교는 강의 평가를 학기 중 두 번 시행하기도 한다. 강의 평가를 학기 중 몇 번 받는지 횟수도 중요하지만 받는 시기도 매우 중요하다. 학생들의 피드백은 일찍 받으면 받을수록 좋다. 왜냐하면 피드백을 받은 후 학생들이 요구하는 사항들을 반영시켜 실질적으로 수업 개선을 할 수 있는 시간이 확보 되기 때문이다.

소 잃고 외양간을 고치는 것은 의미가 없다. 소를 잃기 전에 외양간을 미리 고치는 것이 중요하다. 교육의 질 관리 차원에서 수업을 개선해 나가려는 교수자의 노력은 반드시 필요하다. 수시로 수업에 대한 학생들의 피드백을 받는 것은 충돌이나 갈등을 미연에 방지하는 데 큰 도움이 된다. 그렇기 때문에 교수자는 수업 시간에 학생들이 가지고 있는 불만사항이나 요구 조건들이 충분히 그리고 안전하게 소통될 수 있도록 기회를 제공하고 건설적이고 의미 있는 피드백을 유도해야 한다.

교수자의 열의

교수자의 열정과 따스함은 교수자에 대한 친밀감을 높이고 상호의존적인 수업 분위기를 조성하는 데 큰 도움이 된다. 타고난 성격이나 말투를 하루아침에 바꾸는 건 불가능하지만 관심과 배려로 충만한 말투를 사용하려는 시도는 충분히 가능하다. 작은 노력(눈 맞추기, 팔짱 끼지 않기, 경청하기, 관심을 표현하는 암시적 방법 사용)이 큰 차이를 만든다는 것을 잊지 말자. 교수자가 감정적, 물리적으로 얼마나 접근하기 쉬운지를 학생들은 이런 교수자의 작은 노력들을 보고 판단한다.

갈등 관리

갈등이 효과적으로 관리되기 위해서는 교수자 자신의 감정과 학생들의 감정이 동시에 관리되어야 한다.

수업 시간 중 어떠한 이슈Issue로 인하여 구성원들 중 한 명이라도 어색하고 불편한 상태에 처하게 되었다면, 교수자는 반드시 그 이슈를 전체 구성원들과 공유하여야 하고 정확하게 짚고 넘어가야 한다. 별일 아닌 것처럼 넘어가다 쉽게 풀 수 있는 갈등이 나중에 풀리지 않는 미궁 속으로 빠질 수도 있기 때문이다. 교수자는 모든 문제와 상황에 대한 해결책을 학생들과 함께 도출해 내어 상황을 신속하고 정확하게 종료하도록 해야 한다.

학습유형검사와 학습전략검사

첫 수업이 시작되기 전, 교수자는 학생들에게 학습유형검사와 학습전략검사를 반드시 받아 오도록 미리 공지한다. 이런 검사들은 자기 자신에 대한 분명한 이해를 도와주기 때문에 학생들에게 매우 유용하다.

첫 수업 때 교수자는 학생들과 함께 검사결과 분석표를 가지고 자기주도학습에서부터 학습전략까지 간략한 해석을 제공해 준다. 학생들의 학습 스타일을 파악하면 그룹이나 팀을 구성할 때, 그리고 동기를 부여할 때 많은 도움이 되어, 효과적인 수업 운영이 가능해진다. 학생들은 이런 세심한 배려와 지도를 통하여 수업과 교수자에 대한 관심이 높아지게 된다. 왜냐하면 학생들에 대한 교수자의 진지하고 진정성 있는 태도가 전해지기 때문이다.

학생 상담

"What office is there which involves more responsibility,
which requires more qualifications, and which ought, therefore,
to be more honorable than teaching?"
— Harriet Martineau

대학 진학 후 대부분의 학생들은 효과적인 학습전략 없이 일 학년을 보낸다. 고등학교 학생들은 비판적 사고력이 없이도 시험에 나올 만한 정보만 잘 기억하면 성공적인 학교 생활이 가능하다. 학생들은 대학에서 첫 시험 결과를 접하며, 지금까지 문제없었던 학습전략과 방법의 갑작스러운 배신에 당황하게 된다. 그 결과 자신감은 떨어지고 성공적인 대학생활의 가능성에 의심을 가지게 되며, 수업에 흥미를 못 느끼게 된다. 심지어는 대학을 중도 퇴학하는 경우도 생기게 된다. 이런 어려움을 가진 학생들이 도움을 청할 때 교수자는 공부를 더 열심히 하라고, 잡념을 줄이고 집중하라고, 아니면 시간 관리를 잘하라는 식으로 해결책을 제시한다. 하지만 이런 해결책으로는 학생들의 문제가 쉽게 해결되지 않는다. 공부를 해야 하는 이유와 목적이 분명하지 않은 상태로 학습전략과 노하우Know-How는 아무 의미가 없기 때문이다. 교수자는 학생들에게 한번 주어진 삶에서 어떤 의미를 찾아야 하는지, 소중한 시간을 어떻게 관리해야 하는지에 대해 깊은 성찰을 하도록 지도해야 한다.

학생들이 개인상담을 원하는 가장 큰 이유는 공부가 어렵고, 그로 인해 성공적인 대학생활에 대한 자신감이 떨어져 불안하기 때문이다. 다음은 실패와 좌절감으로 어려운 상태에 놓인 학생들이 교수자를 찾아왔을 때 필요한 기본적인 상담법이다.

관계 형성

학생들이 편안한 마음으로 상담에 응할 수 있도록 교수자는 먼저 고향은 어디인지, 고등학교 생활은 어떠했는지, 학습관련 관심사는 무엇인지, 어떤 동아리 활동을 하였는지 등을 먼저 물어보며 상담을 시작한다. 이런 질문을 하는 이유는 학생들에게 대학에 오기 전에 성취했거나 경험했던 성공담을 이야기할 수 있는 기회를 주기 위해서이다. 자신의 성공담을 이야기하면서 학생들은 잃어버린 자신감을 다시 찾을 수 있는 용기를 가지게 된다. 이때 교수자는 학생들이 고등학교에서 잘한 것처럼 대학교에서도 충분히 잘 해낼 수 있다는 용기와 자신감을 심어 주어야 한다.

분석적인 성찰 유도

교수자는 라포르를 충분히 형성한 다음 학생들이 분석적인 성찰을 할 수 있도록 유도해야 한다. 먼저 학생들이 공부와 학습의 차이에 대해 알고 있는지 확인한다. 대부분의 학생들은 공부는 시험이나 퀴즈에 나올 만한 내용이나 정보를 암기하는 것으로, 학습은 정보의 이해와 마스터링Mastering이라고 인식한다. 그다음은 학생들이 지금까지 공부를 했다고 생각하는지, 아니면 학습을 했다고 생각하는지 물어본다. 대부분의 학생들은 공부를 했다고 대답 할 것이다. 고등학교 때까지 별문제 없던 학습전략이 대학교에 들어와서 성공적이지 못한 이유가 바로 여기에 있는 것이다. 상담 받으러 온 학생들에게 이 사실을 알려주고 새롭게 학습하는 방법과 전략을 제시해 준다.

동기유발하기

교수자는 새롭게 학습하는 방법과 전략에 관하여 학생들과 충분히 이야기를 나눈 후, 상담을 종료하기 전에 두 가지 질문을 던진다.

상담을 받은 후 자신의 학습 방법과 전략에 대한 생각이 어떻게 달라졌는가? 만약 학생들이 공부와 학습에 대한 차이점을 느끼지 못한다면 그들에게 새로운 시도는 기대할 수 없게 된다. 지금까지 해왔던 학습 방법과 전략이 효과적이지 못하였다고 절실하게 느낄 때 비로소 학생들은 변화하게 된다. 상담 시 나눴던 새로운 방법과 전략을 시도할 의향은 있는가? 상담을 마무리하며 학생들에게 공부 대신 학습을 하라고 이야기해준다. 높은 아이큐IQ보다 자기주도적인 학습 태도와 노력이 성공적인 대학생활에 꼭 필요한 요소임을 다시 한 번 상기시켜 준다. 해 낼 수 있다는 용기를 북돋아 주고, 도움이 필요하면 언제든지 다시 상담을 받으러 와도 된다는 말을 해준다. 열려 있는 연구실에 자기를 응원하는 교수자가 있다는 사실만으로도 학생들은 충분히 기뻐할 것이다.

피그말리온 Pygmalion 효과

    교수자가 기대하는 대로 학생들의 성취가 나타나는 현상을 말한다. 많은 연구들을 살펴보면 교수자의 학생에 대한 긍정적 혹은 부정적 기대가 학생의 수행 결과에 막강한 영향을 미치는 것을 알 수 있다.

    교수자가 학생들을 어떻게 바라보고 대해 주는지를 보면 학생들의 학업 성취도와 수업 만족도를 어느 정도 예측할 수 있다. 학생들을 믿고, 기대하며 칭찬을 해준다면 교수자의 믿음과 기대에 부응하기 위해 학생들은 반드시 노력하고 변할 것이다.

1학년 학생

"Prior to being allowed to enter the profession, prospective teachers should be asked to talk with a group of friendly students for at least half an hour and be able to engage them in an interesting conversation about any subject the prospective teacher wants to talk about."
— William Glasser

고등학교에서 대학교로 진학한 학생들에게 대학교 1학년 생활은 새로 적응해야 할 것들로 가득하다. 고등학교 때 누릴 수 없었던 자유를 맘껏 누리게 되지만 이내 대학생이 되었으니 이제는 스스로 삶을 개척해 나가야 한다는 부담감이 어깨를 누르기 시작한다. 자유보다는 통제에 더욱 익숙한 생활에 적응이 되어 있는 학생들에게 갑자기 찾아온 자유는 낯설고 어색하기까지 하다. 이러한 학생들은 대학교에서 요구하는 수준 있는 과제를 제출하기 위해 필요한 시간과 에너지를 과소평가하여, 오늘 해야 할 일을 내일로 미루는 습관을 가지게 된다. 평상시에 계획을 세워 체계적으로 공부하기보다는 항상 시간에 쫓겨 다니고, 시험도 벼락치기로 준비하기 때문에 만족스러운 결과를 얻지 못하고 좌절한다. 1학년 학생들은 좋은 공부 습관이 만들어져 있는 상태가 아니고 고등학교 생활과 완전히 다른 대학문화에 익숙하지 않기 때문에, 더욱더 교수자의 케어Care가 필요하다. 1학년 학생들을 가르치고 지도하는 교수자에게 유용한 몇 가지 팁Tip을 소개한다.

1학년 학생 지도

1. 성공적으로 수업을 마친 학생들의 학습전략 소개

- 노트 정리 잘하는 방법, 효과적이고 효율적인 독서 방법, 시간 관리 방법, 공부에 대한 동기부여 방법, 집중력 향상법, 스트레스 관리 방법 등
- 학습 동아리가 필요하다고 판단되는 경우, 교수학습개발센터에서 제공하는 학습 프로그램(멘토링, 학습 동아리 등) 소개 및 권유(학습 동아리가 친목 모임으로 전락하는 것을 방지하기 위해 효율적인 학습 동아리 운영 방법 제시)

2. 명확한 기대치 제시

- 학생들이 학기 중 제출해야 하는 모든 결과물(리포트, 팀 프로젝트, 과제물 등)에 대해 교수자가 바라고 기대하는 수준과 평가 방법을 명확하게 알려준다.
- 루브릭Rubric을 미리 나누어 주어, 학생들이 스스로 자신의 결과물을 평가할 수 있도록 기회를 제공한다.
- 루브릭을 사용함으로써 학생들은 자신의 결과물에 대한 질적 수준을 모니터링Monitoring하고 교수자의 기대에 맞춰 결과물을 수정·보완하는 능력을 키울 수 있다.

3. 다수의 기한을 설정하여 평가

- 학생들이 효과적으로 시간과 에너지를 분배하여 과제에 임할 수

있도록 단계별 과제를 내준다.(예 : 1단계 : 문헌 조사, 2단계 : 리포트 핵심 명제, 3단계 : 리포트 아웃라인, 4단계 : 1차 초안)

- 중간고사와 학기 말 고사로 학생들을 평가하기보다는 학기 중 3~5번의 시험으로 평가한다. 수업 내용을 크게 두 파트로 나누어 공부하는 것보다 작은 파트로 나누는 것이 학생들의 입장에서 관리하기 수월하기 때문이다. 그리고 잦은 시험으로 인해 공부를 나중으로 미루는 습관을 미연에 방지할 수 있다.

4. 학습 성과에 대한 구체적인 피드백을 제공

- 학습 성과에 대한 구체적인 피드백Feedback을 제공함으로써 학생들은 교수자의 기대치와 교수자가 요구하는 결과물의 수준을 판단할 수 있고, 자신들이 가지고 있는 학습전략이 효과적으로 이런 기대에 부합 하는지 판단할 수 있다. 학기 초에 미흡한 평가를 받은 학생은 초기의 구체적인 피드백으로 인하여 남아있는 결과물에 더 많은 노력을 기울일 수 있게 된다. 사고의 틀을 확장시켜 주는 건설적이고 구체적인 교수자의 피드백은 전공에 대한 흥미와 관심을 불러일으킬 뿐만 아니라 더 나은 학습성과에 반드시 필요한 중요한 인풋Input이다.

루브릭을 활용한 평가

"Instruction begins when you, the teacher, learn from the learner;
put yourself in his place so that you may understand⋯
what he learns and the way he understands it."
— Soren Kierkegaard

　루브릭Rubric은 평가 기준의 집합이다. 학습자의 학습 결과물이나 성취 정도를 평가하기 위하여 사용하는 명세화되고 사전에 공유된 기준이나 가이드라인Guideline이다. 이 가이드라인에는 학습자의 수행 역량이 수행 수준별(최우수, 우수, 보통, 미흡, 매우 미흡 등)로, 평가 영역별로 세분되어 제시된다. 1990년대에 미주 지역에서 기존의 지필 평가를 대체하기 위해 수행 평가가 등장하면서 루브릭이 개발되기 시작했다. 루브릭은 학습자의 수행을 평가할 때 효과적인 평가 도구로 인정받고 있을 뿐만 아니라, 루브릭을 통하여 학습자들은 학습 결과로 무엇이 구체적으로 요구되는지 명확히 파악할 수 있다. 평가 시 활용될 수 있도록 수행 수준의 특징에 대한 명세화된 정보 제공은 학생들에게 자신들의 수준을 파악하고 향후 수행 능력을 위하여 무엇이 필요한지에 대하여 분명히 알게 도와준다. 또한 루브릭을 통하여 학생들은 스스로 평가 과정에 참여할 수 있게 되어, 학습의 초점을 잃지 않고 자기 주도적으로 학습을 할 수 있게 된다.

　루브릭을 효과적으로 활용하기 위해서 먼저 교수자는 수행 역량을 전체적으로 조망 할 수 있도록 루브릭을 만든 다음 각각의 수행 수준에 맞추어서 세분하고 자세하게 묘사해야 한다. 루브릭을 제작하는 과정은 먼저, 정확하게 무엇을 평가할 것인지 확인하고, 평정 척도와 점수 분포를 분명히 한 후, 각각의 수행 수준에 대해 그 수행 수준의 독특한 특징을 있는 그대로 서술해야 한다. 마지막은 검토 단계로, 수행 수준의 연속성을 제대로 고려하고 있는지, 동일한 기준을 적용하고 있는지, 수행 수준 간의 구별은 명확한지, 각 수행 수준에 대한 점수 부여는 신뢰성이 있는지를 검토해야 한다.

> ### 📢 평가에 대한 학생들의 말
>
> - 교수가 너무 주관적이다. 나의 질문에 대한 평가가 특히 그러하였다. 나의 질문에 대한 교수님의 평가나 평점 등은 바로 확인할 수 없어서 아쉬웠다.
> - 평가가 너무 주관적으로 이루어질 수밖에 없는 과제들이었다. 노력한 대로 결실을 얻을 수 있는 과목이 아니라는 것이 많이 아쉽다. 노력으로 결실을 얻을 수 있는 방식도 해 주셨으면 좋겠다.
> - 개선할 점이 너무나도 많아 도저히 나열을 다 못하겠습니다. 특히 과제 점수 매기는 건 어떤 기준인지 깔끔하게 베껴서 과제를 낸 친구들은 9점, 10점을 받는 데 비해 자신이 직접 열심히 풀었지만 어쩔 수 없는 글씨 등의 요인으로 인해 7점, 8점을 받더군요.
> - 학생들을 편애한다. 성적 평가 방식이 공정하지 못하다.
> - 수업 내용, 수업 준비도, 평가 방식 등 수업과 관련된 모든 부분에서 이해할 수 없는 부분투성이였으며 내용 또한 수준 이하였다.
> - 교수님이 좋은 분인 것은 알겠는데, 평가 방식이 불합리적이어서 수강생들 사이에서 말이 많았습니다.

자기주도적 학습

"Those who educate children well are more to be honored than they
who produce them, for these only gave them life,
those the art of living well."
— Aristotle

대학교에 와 있는 이유를 알지 못하는 학생들이 많다. 대부분 취업을 위해, 남들도 대학으로 진학하기에, 부모님의 기대를 저버리지 않기 위해 등이 이유라고 말한다.

교수자는 학생들 스스로 대학교에 다녀야 하는 이유를 보다 분명하고 선명하게 찾을 수 있도록 도와주어야 하며, 학생들을 자기주도적 학습자로 만들어 주어야 하는 책임이 있다.

학습이 무엇인지 깊이 생각해 보지 않은 학생들이 많다. 어떻게 학습하는 것이 효과적인지 모르는 학생들이 많다. 단순히 암기를 잘한다는 이유로 학습을 잘한다고 말할 수는 없다. 많은 학생들은 학습에 수동적이다. 교수자, 부모님, 친구 그리고 상담자가 제시한 길을 무작정 걸어가거나 그들의 요구를 별생각 없이 따르는 데 익숙해져 있다.

빅 퀘스천(무엇을 배워야 하고, 왜 그러한지)에 대한 답을 자기 자신이 아닌 타인으로부터 쉽게 얻기를 바란다. 이런 소극적인 태도는 학습 성취도, 지속 가능한 동기 유발, 그리고 효율적인 학습에 필요한 집중력에 부정적인 영향을 미친다.

나중에 교수자 없이도 학생들 스스로가 무럭무럭 성장하고 건강한 삶을 살 수 있게 만들어 주는 것도 교수자의 중요한 역할 중 하나이기 때문에 평생 동안 학습해야 하는 학생들에게 전공지식뿐만 아니라 효율적인 학습 방법도 함께 가르쳐 주어야 한다.

문제를 파악해야 해결책이 보인다

 문제가 무엇인지 정확하게 파악해야 해결책을 찾을 수 있다. 교수자는 학생들에게 비판적인 문제의식을 가질 수 있도록 지도한다.
 문제를 문제로 보지 않고, 무엇이 문제인지도 모르며 해결책부터 강구하려 덤벼드는 것은 목적지가 어디인지도 모르며 무작정 운전하는 것과 다를 바 없다.

질문

"Good teaching is more a giving of right questions
than a giving of right answers."
— Josef Albers

좋은 질문은 예술과 같다. 연습과 훈련으로 충분히 익힐 수 있는 예술이다. 부적절한 질문은 학습에 방해물이 되어 부정적인 영향을 미치기 때문에 교수자는 어떻게 질문할 것인지, 무엇을 질문할 것인지 고민해야 한다. 효과적이고 힘을 부여하는Empowering 질문들은 다음과 같은 효과를 준다.

- 명확성을 높여 준다 : "이 상황에 대해 더욱 구체적으로 설명해 줄 수 있니?"
- 분석적이고 비판적인 사고를 가능하게 한다 : "이런 결정은 사회 구성원들에게 어떤 결과를 가져다 줄 거라 생각하니?"
- 희망과 영감을 불어넣어 새롭고 예측 불가능한 것들을 보게 한다 : "왜 이게 성공적인 방법이니?
- 돌파구를 찾는 데 도움이 되는 생각을 유도한다 : "다른 방법으로 문제를 푼다면 어떻게 해야 하니?"
- 기존에 가지고 있던 추정과 가정을 다시 한 번 점검하게 한다 : "만약 네가 책임감을 가지고 팀 프로젝트에 임하기로 마음먹었다면 네

가 포기하거나 희생해야 하는 것들은 무엇이라고 생각하니?"
- 솔루션Solution에 대한 소유권을 갖게 된다 : "너의 경험으로 비추어 볼 때 우리가 무엇을 해야 한다고 생각하니?"

좋은 질문으로 학습 효과를 높이는 방법

- 학생들에게 질문을 던진 후 여러 학생들이 질문에 대한 답을 할 수 있도록 발언권을 골고루 준다. 선택된 소수 학생들에게만 질문을 하는 것은 선택되지 못한 학생들의 소외감을 높이는 결과를 낳기 때문에 피해야 한다. 다양한 생각과 의견 공유를 통해 학생들끼리 서로 가르치고 배울 수 있어야 좋은 학습을 경험하게 되고 학습 효과도 높아진다.
- 한번에 한 질문씩 한다. 한번에 많은 질문들을 던지면 학생들은 생각할 시간이 부족하게 되고 어떤 질문에 대한 답을 먼저 해야 할지 헷갈리기 쉽다.
- 모든 능력 수준에 맞는 질문을 해야 한다. 어려운 질문과 쉬운 질문을 골고루 분배하여 모든 학생들의 집중과 참여를 유도한다.
- 학생들의 생각과 의견을 더욱 명확하게 만들어 주기 위해서, 그리고 2% 부족한 대답의 완성도를 높여 주기 위해서 교수자는 효과적인 질문을 해야 한다. 적절한 유도질문Prompting과 탐색질문Probing을 사용하여 학생들이 내놓은 답에 대해 더 많은 생각을 할 수 있도록 도와준다.

마지막으로 학생의 답변을 신중하게 들어야 한다. 교수자는 학생의 답변을 들은 후 약 3초간 기다려준다. 이 3초는 답을 내놓은 학생에게 더 많은 코멘트Comment를 만들어 낼 시간적 여유를 제공하고, 다른 학생들에게 생각을 정리하고 반응할 시간을 준다.

✓ 학생들의 사고 확장을 위한 전략

- 기다려 준다 : 질문이나 답변 후에 최소 3초간의 생각할 시간을 준다.
- "생각–한 쌍–공유" 기법을 활용한다 : 먼저 혼자 생각하게 한 다음, 파트너와 서로의 생각을 공유하게 한 후, 마지막으로 수업을 듣고 있는 전체 학생들과 공유하는 시간을 갖는다.
- 덧붙여서 질문한다 : "왜?", "동의하니?", "좀 더 구체적으로 설명해 줄 수 있겠니?", "예를 든다면?"
- 적극적 듣기를 장려하기 위해 요약을 요청한다 : "서영아, 승현이의 포인트를 요약해 줄 수 있겠니?"
- 설문조사 활용 : "저자의 관점에 동의하는 사람은 오른손을 드시고, 동의하지 않는 사람은 왼손을 드시기 바랍니다."
- 선택권 부여 : "서영아, 대답을 듣고 싶은 학생 한 명을 지목해 주렴!"
- 악마의 대변인Devil's Advocate역할 수행 : 자신의 생각을 여러 다른 아이디어나 관점으로부터 논리적으로 방어해 낼 수 있도록 훈련시킨다.
- 시끄럽게 생각하도록 유도 : 생각을 맘껏 풀어내도록 격려한다. "어떻게 그런 대답이 나왔는지 설명해 보렴."
- 무작위로 학생을 지목한다 : 앞에 앉아 있는 5명의 학생들에게만 기회를 제공하지 말고 수업을 듣고 있는 모든 학생들을 가볍게 긴장시킨다.
- 학생 대 학생 질문 : 학생들이 중요하다고 생각되는 문제나 질문들(시험 예상 문제 포함)을 자체적으로 만들고 서로 공유하고 학습하는 시간을 갖도록 지도한다.

| The Socratic Method

소크라테스 기법은 질문을 사용하여 학생들로부터 정보를 얻어내는 데 매우 유용하게 쓰인다. 대부분의 학생들이 답할 수 있는 크고Broad, 제약이 없는Open-ended 질문으로 시작하는 이 질문 방법은 학생들의 잠재적인 논리와 사고 구조를 탐색할 때 매우 효과적이다.

- Questions of clarification (명확한 설명을 유도하는 질문)
    - 그 말의 뜻은?
    - 구체적인 예를 들어 줄 수 있는가?
    - 왜 그런 주장을 하였는가?

- Questions that probe assumptions (추정을 조사하는 질문)
    - 무엇을 추정하고 있는가?
    - 그런 말을 한 이유는 무엇이라 생각하는가?
    - 항상 그런가?

- Questions that probe reason and evidence (이유와 증거를 탐색하는 질문)
    - 그렇게 주장하는 타당한 이유는 무엇인가?
    - 어떤 근거와 기준으로 그런 주장을 하는 것인가?
    - 자세한 이유를 설명해 줄 수 있는가?

- Questions that probe implications and consequences (영향과 결과를 탐색하는 질문)
    - 그런 행동 후 어떤 결과를 예상하는가?
    - 성급한 결론을 내렸다고 생각하지 않는가?
    - 함축되어 있는 의미는 무엇인가?

- Questions about viewpoints or perspectives (관점과 시각에 대한 질문)
    - 다른 말로 표현한다면?
    - 서영이의 생각은 승현이의 생각과 어떻게 다른가?
    - 다른 방법은 무엇인가?

- Questions about the question (질문에 대한 질문)
    - 이 질문이 우리에게 시사하는 점은 무엇인가?
    - 다른 관련된 질문들을 생각해 낼 수 있는가?
    - 질문이 무엇인가?

> **질문에 대한 학생들의 말**
> - 질문을 통해 사고의 확장을 이끌어내려 했던 점이 눈에 띄었다.
> - 강의 참여도를 높이기 위해 강의 중간중간에 질문하는 것이 큰 도움이 되었다.

비우고 닦기

당신이 컵이라고 가정해 보자. 그런데 그 컵은 오물로 가득 차 있다. 그 상태로는 당장 그 컵을 목적에 맞게 사용할 수 없다. 모든 사람들은 각기 다른 컵이다. 크기가 다르고 모양도 다르다. 어떤 컵은 화려하지만 어떤 컵은 수수하다. 어떤 컵은 담을 수 있는 용량이 크지만 어떤 컵은 작다.

당신이 어떤 크기와 모양의 컵이든 간에 꼭 기억해야 할 것이 있다. 그 컵이 목적에 맞게 사용되고 활용되기 위해선, 먼저 가득 차 있는 오물을 버려야 한다는 것이다. 무엇으로 채울지 고민하기보다 먼저 비워야 한다. 비워야 채울 수 있기 때문이다. 비운 다음 해야 할 일은 무엇일까? 오물이 가득 차 있던 컵에 바로 물을 담아 마실 수는 없다. 사막 한가운데에서 오아시스를 발견했다 하더라도 그 더러운 컵에 물을 담아 마실 수는 없다.

컵이 컵의 목적에 맞게 사용되고 활용되기 위해서는 가득 차 있는 오물을 모두 버리고 컵을 깨끗이 닦아야 한다. 오염된 상태로는 자기 자신을 포함하여 다른 사람들에게 교수자로서 어떠한 에너지도 분출할 수 없고 도움도 되지 못하기 때문이다. 당신은 교수자라는 도구다. 도구가 사용되지 못하고 활용되지 못한다면 무용지물이다. 항상 준비하고 있어야 한다. 신도 그렇게 준비된 자만을 크게 쓰실 것이다.

답

"The task of the modern educator is not to cut down jungles,
but to irrigate deserts."
― C.S. Lewis

교수자는 학생들로부터 많은 질문을 받는다. 하지만 교수자가 모든 것을 다 알고 대답할 수는 없다. 혹시 당신은 교수자이기 때문에 모든 답을 알고 있어야 한다는 강박관념에 사로잡혀 있지는 않는가? 부족한 점이나 서투름을 자신의 약점이라고 여기고 무턱대고 감추려 하고 있지는 않는가? 교수자는 가르치는 사람이지만 동시에 배우는 사람이기도 하다. 생소하고 잘 모르는 것과 언제든 마주칠 수 있다. 학생들의 질문에 즉각적인 대답이 어렵다면 모름을 솔직하게 인정하고 답을 찾아 다음에 설명해 주겠다고 약속하는 것이 바람직하다. 정직하지 못한 교수자의 모습으로 인해 학생들이 교수자에 대한 신뢰를 잃어버리게 되면 곤란하다. 완벽함이란 존재하지 않기에 학생들 앞에서 완벽한 교수자처럼 연기하지 않는다.

당신은 교수자로서 학생들에게 생각하는 방법을 가르쳐야 한다. 피해야 할 것들 중에 하나는 학생들에게 무엇을 해야 하는지 알려주는 것이다. 교수자는 답 그 자체에 흥미를 갖기보다는 어떻게 그런 답이 나오게 되었는지에 더 흥미를 가져야 한다. 교수자는 학생들에게 새롭고 다양한 시각을 제공해 주어야 한다. 주어진 정보를 다양하게 해석하고, 학생들이 스스로 생각하는 법을 배울 수 있도록 도와주어야 한다. 무엇을 어떻게 생각하여야 하는지 정해주지 않는다.

학생들은 많은 부분에 걸쳐 교수자에게 의지하게 된다. 교수자가 질문을 하고 그에 대한 답을 쉽게 해 주는 것을 반복하게 되면 학생들은 점점 질문에 반응을 보이지 않게 된다. 질문에 대해 생각하기보다 교수자가 어떤 답을 해 줄까 수동적으로 기다리게 되기 때문이다. 자문자답을 피해야 하는 이유가 여기에 있다. 질문을 던진 뒤 고요함을 즐겨야 하고 고요함과 익숙해져야 한다. 조용하고 불편할 수 있는 이 시간에서 가장 생산적인 생각이 일어날 수 있기 때문이다.

교수자는 학생들이 질문에 대해 깊이 생각하고 답을 만들어 낼 수 있도록 방해하지 말고 시간적 여유를 가지고 충분히 기다려 주어야 한다. 학생들의 질문에 올바로 답해 주는 것은 교수자의 중요한 역할 중 하나이지만, 학생들은 교수자와 함께 평생 같이 살 수 없기 때문에 교수자가 없더라도 스스로 문제에 대한 답을 탐구하고 찾을 수 있어야 한다. 그러기 위해서 교수자는 학생들의 자율성과 독립성을 높여 주고 모든 답을 아는 전지전능한 교수자보다는 학생들 스스로 답을 찾도록 도와주는 교수자가 되도록 노력해야 한다.

답에 대한 학생들의 말

✱ 학생들을 좀 이끌어줬으면 좋았을 것을…… 교수님만의 자문자답 시간이었다.
✱ 학생들의 질문에 명확히 대답해주지 못하고 그냥 몇 년간 똑같은 수업을 똑같은 내용으로 반복하는 듯한 모습은 실망스러웠습니다.

진정한 학습은……

　학습이 이루어지기 위해서는 태도의 변화가 선행되어야 하고, 배운 지식을 삶 속에 적용시킬 수 있어야 한다. 그래야만 새로운 습관이 생기게 된다. 학생들이 이 사실을 정확하게 이해하여야 학습에 대한 생각이 더욱 깊어지고 자기 성찰이 가능해진다. 스스로 동기를 부여할 줄 알고 자기주도적인 학습을 하는 학생만이 좋은 학습성과를 기대할 수 있고, 대학생활도 성공적으로 마칠 수 있다.

적극적 학습으로의 초대

"It is the supreme art of the teacher to awaken
joy in creative expression and knowledge."
— Albert Einstein

수업은 많은 관중이 보는 운동경기가 아니다. 그저 편하게 앉아서 교수자의 강의를 듣는 것만으로 학습이 이루어지는 건 당연히 아니다. 학생들은 수업 내용을 가지고 서로 이야기 해보고, 글로 작성해 보고, 과거의 경험과 관련시켜 보고, 실생활에 적용해 보아야 한다. 그래야만 지식이 온전히 자기 것이 되기 때문이다. 교수자는 다양한 수단과 방법을 동원하여 학생들 모두를 적극적으로 수업에 참여시켜야 한다. 수업 태도 좋고, 학습 능력이 뛰어나고, 성실한 학생들만 데리고 간다는 생각을 버리고 도움이 필요하고, 문제를 일으키고, 수업을 잘 못 따라가는 학생들까지도 전부 이끌고 간다는 마음으로 학생들을 지도해야 한다. 이는 학생을 사랑하는 마음이 가득해야 가능하다.

- **1분 페이퍼**: 학생들의 이해도를 파악하는 데 상당히 효과적인 방법이다. 교수자는 학생들에게 종이를 한 장 준비시키고 질문에 대한 답변을 1~2분 내로 정리하여 작성하도록 요청한다. 이때 질문은 구체적 질문일 수도 개방형 질문일 수도 있다.(예 : 콘셉트의 정의, 콘셉트에 대한 특정 학자의 견해, 두 개념의 차이점 등) 교수자는 수업을 마치면서 학

생들에게 그날 수업 시간에서 다뤄진 내용 중 핵심이 무엇인지를 1분 페이퍼를 활용하여 작성하도록 하여 전달하고자 계획 했던 내용이 잘 전달되었는지 즉시 확인한다.

- **가장 흐리멍덩한 포인트**: 변형된 1분 페이퍼로, 학생들에게 그날 수업 내용 중 가장 이해하기 어렵고 명확하지 않았던 콘셉트가 무엇인지를 작성하도록 요청한다.

- **저널Journal 쓰기**: 학생들이 수업 내용에 대해 더욱 깊이 생각하고, 자신의 학습 상태를 파악/점검할 수 있도록 과제로 내 주거나 수업 시간을 할애하여 저널을 쓰도록 지도한다. 저널의 단점은 1분 페이퍼와 다르게 즉각적인 피드백이 어렵다는 것이다. 그러나 저널에 대한 피드백을 제공할 때 교수자는 더욱 깊고 복잡한 질문을 함께 던짐으로써, 학생들이 더욱 세밀하고 견고한 생각을 할 수 있도록 도울 수 있다는 장점이 있다.

- **독서 퀴즈**: 학생들이 미리 읽고 수업에 들어와야 하는 책들을 반드시 읽도록 만들기 위해 사용되는 방법으로, 읽은 내용에 대한 이해도를 파악하는 데 유용하게 사용된다. 핵심 요점이나 반드시 이해해야 할 콘셉트, 그리고 중요한 아이디어와 관련된 질문을 퀴즈로 출제하여 학생들의 수업 준비 상태를 확인하는 시간을 갖는다.

- **명확한 이해를 돕는 일시 정지**: 학생들에게 "적극적 듣기"를 장려하기 위한 간단한 방법이다. 수업 중간중간마다, 특히 중요한 포인트를 전달한 직후나, 핵심 콘셉트의 정의를 내린 직후에 강의 내용이 충분히 이해되도록 잠시 강의를 멈춘 후 교수자는 학생들에게 추가적으로 설명이 필요한 부분이 있는지의 여부를 파악하여 어려운 콘셉트나 아이디어의 이해를 도와준다.

- **문장 만들기**: 나는 ( )을 배웠다. 나는 ( )이 놀라웠다. 나는 ( )이 아직도 궁금하다. 교수자는 학생들에게 괄호 안에 들어갈 내용을 채워 문장을 완성하도록 요청한다. 문장 만들기 활동은 수업을 흥미롭게 만들 뿐만 아니라 학생들이 교수자의 강의를 돌아보며 학습 내용을 정리할 수 있도록 도와준다.

- **묻고 답하기**: 아직까지도 학생들을 참여시키고 이해를 도와주는 데 가장 널리 쓰이는 방법은 묻고 답하기이다. 학생들의 생각을 자극하고, 수업 내용을 잘 이해하고 있는지 즉각적인 평가가 가능하기 때문에, 특별한 것은 없지만 확실히 유용하고 사랑 받는 교수법임은 틀림없다.

- **기다리는 시간**: 무작위로 학생들을 지정하여 질문에 대한 답을 듣기보다, 질문 뒤 의도적으로 기다리는 시간(15~20초 정도)을 두도록 한다. 수업 중 15~20초는 짧다고 생각하면 짧지만 상당히 긴 시간

처럼 느껴질 수도 있다. 특히 침묵의 시간을 불편해하는 교수자에게는 더욱 그렇다. 대부분 강의를 관찰해 보면 교수자의 질문에 답하는 학생들은 교실 맨 앞에 앉아 수업에 열중하고 있는 네다섯 명 정도의 학생들이다. 이 학생들은 교수자의 모든 질문에 가장 빠른 속도로 답하는 특징을 보인다. 나머지 학생들은 자기가 답하지 않아도 되는 상황을 다행이라 여기며 안도한다. 침묵은 수업을 듣고 있는 모든 학생들을 어쩔 수 없이 질문에 대해 생각하도록 만들어 발표를 잘하는 학생들에 의존하는 소극적 학생들까지도 수업에 참여시키는 효과가 있다. 기다리는 시간이 지난 후, 교수자는 자발적인 학생이나 무작위로 지목한 학생에게 답할 기회를 준다. 교실에서 질문을 던진 후 기다리는 시간이 습관화되면 학생들의 참여율은 더욱 높아진다.

- **다른 학생의 답을 요약하기** : 적극적 듣기를 장려하기 위한 방법이다. 교수자는 학생들에게 질문을 던진 후 자청하여 답변하는 학생의 말을 들어본다. 교수자는 다른 학생에게 처음 답변한 학생의 말을 요약하여 발표하도록 요청한다. 불행하게도 대다수의 학생들은 같이 수업을 듣고 있는 다른 학생들이 하는 말에는 큰 관심을 두지 않는다. 서로의 아이디어를 공유하며 많은 것을 배울 수 있는데도 말이다. 교수자의 설명과 답변에만 주의를 기울이는 학생들에게 다른 학생들의 대답을 요약하고 또다시 말하게 함으로써 모든 학생들을 적극적으로 수업에 참여시킬 수 있다. 언제 자기의 차례가 찾아

올지 모르기 때문에 자연스럽게 다른 학생의 말과 코멘트에 집중하게 된다.

- **물고기 어항** : 교수자는 학생들에게 작은 인덱스Index 카드를 나눠 준 후 그날 배운 내용과 관련된 질문을 하나씩 준비하도록 요청한다. 그다음 이해하기 어렵고 추가적인 설명이 필요한 콘셉트나 이론이 어떻게 실생활에 활용되는지에 대한 질문 등, 학생들이 알기 원하는 다양한 질문을 인덱스 카드에 작성하도록 요구한다. 수업을 마무리하기 전에 학생들은 질문이 적혀 있는 인덱스 카드를 교수자가 준비한 조그만 통에 넣는다. 교수자는 몇 개의 인덱스 카드를 뽑아 질문에 대한 답을 직접 해 주거나 학생들로부터 답을 이끌어 낸다.

- **퀴즈와 시험 만들기** : 교수자는 학생들에게 퀴즈와 시험을 만들어 오는 과제를 내준다. 학생들은 퀴즈나 시험에 나올 예상 문제를 만들면서 수업 내용에 대해 깊이 생각해 볼 수 있고, 또한 대표적 주제, 다른 견해에 대한 비교, 이론의 적용과 활용, 그리고 그 밖의 상위 사고 기술을 탐색할 수 있다. 교수자는 학생들의 질문을 모두 수집한 후, 시험 전 복습 시간에 적극 활용하여 수업을 진행할 수 있다. 몇 개의 시험문제를 가지고 학생들과 토론을 할 수도 있고 중요성에 대해 서로 이야기를 나눌 수도 있다.

- **노트 비교/공유** : 수업 시간에 어려움을 느끼는 학생들의 특징 중

하나가 노트 필기를 잘 못한다는 것이다. 강의를 열심히 듣기는 하나 효과적인 노트 필기 방법을 모르기 때문에 무엇을 기록으로 남겨야 학습에 도움이 되는지 잘 모른다. 그렇기 때문에 복습을 하거나 리포트를 작성할 때 곤란한 경우가 많이 생긴다. 이런 학생들을 위하여 교수자는 중요한 콘셉트를 설명한 후 학생들이 필기한 노트를 서로 공유하고 비교해 보는 시간을 갖도록 지도한다. 특별히 저학년 수업, 입문 수업, 그리고 비전공 수업에서 활용하면 효과성이 높아진다.

- **복습 수업** : 일반적으로 시험 대비 복습 수업에서 학생들은 질문을 하고 교수자는 답을 한다. 이런 상황에서 학생들은 수업 내용에 대한 생각보다 답을 적는 데 많은 시간을 보낸다. 이를 방지하기 위해 교수자는 학생들을 팀별로 나누어 앉혀 답을 도출해 내도록 지도한다. 그런 후 도출된 답을 모든 학생들과 함께 공유하며 다른 해결책에 대해 논의해 보는 시간을 갖는다.

- **역할극** : 교수자는 학생들에게 역할 연기의 기회를 제공한다. 역할 연기를 하면서 학생들은 수업 시간에 다뤄진 새로운 콘셉트와 이론을 더욱 잘 이해하게 된다.

- **게임** : 게임은 매우 효과적인 교육방법이다. 구상이 잘된 게임에 참여하며 학생들은 교수자가 전달하려는 아이디어를 쉽게 전달 받는

다. 특히 어려운 콘셉트나 이론은 강의나 토의보다 게임으로 소개하는 편이 훨씬 효과적일 수 있다.

성공적인 수업에 영향을 미치는 상황적 요인

- **교수/학습 상황**
    - 학생수
    - 저학년 수업인가? 고학년 수업인가? 대학원 수업인가?
    - 몇 학점 수업인가?
    - 수업 형태(강의식, 토론식, 블렌디드 러닝[Blended-Learning], 영어 전용 강의, 온라인 등)

- **과목의 특성**
    - 이 과목은 이론적인가? 실용적인가? 아니면 둘 다 포함하는 혼합형인가?
    - 이 과목은 전공 수업인가? 교양 수업인가?
    - 예상되는 논란이나 충돌 여부

- **학습자의 특성**
    - 학생들의 환경(일, 가족, 전문적인 목표 등)
    - 학생들이 가지고 있는 이 과목에 대한 사전 지식, 경험, 첫 느낌.
    - 학습 목표, 코스에 대한 기대, 선호하는 학습 방법

- 교수자의 특성
  - 교수자의 교육에 대한 믿음, 가치관, 철학, 선입견
  - 교수자가 가지고 있는 과목과 학생에 대한 태도
  - 교수자의 실천적 교수법
  - 교수자의 전문성과 지식 수준

피드백 Feedback

"I'm not a teacher but an awakener."
— Robert Frost

평가 없이 피드백을 제공할 수 없다. 그러나 적시적소의 피드백 없이 평가는 학습에 아무런 도움이 되지 못한다. 대부분의 학생들은 알고 있는 것과 알지 못하는 것에 의하여 학습의 초점이 맞춰진다. 수업을 듣는 학생들에게 적절한 피드백은 학업 성취도에 큰 영향을 미친다는 연구 결과들을 자주 접하게 된다. 교수자는 현재 학생들의 지식 수준과 역량을 명확하게 파악하여 수업 시간에 자신들의 능력을 맘껏 발휘할 수 있도록 도와주어야 한다. 수시로 건설적인 피드백을 제공하여 그들의 학습에 실질적인 도움이 되어야 한다. 학생들은 지속적인 피드백을 통하여 무엇을 배웠는지, 무엇을 더 배워야 하는지 그리고 어떻게 자신을 평가하는지를 알게 된다.

학생들에게 부정적인 피드백을 해 주어야 하는 경우, 피드백은 최대한 구체적이어야 한다. 부정적인 피드백으로 수업 분위기가 가라앉을 수 있기 때문에 교수자는 학생들의 부족하고 개선이 필요한 부분을 정확히 파악한 후 도움이 되도록 건설적인 피드백을 제공한다. 다른 특정 학생들과 직접적으로 비교하거나, 인격 모독적 그리고 인신공격성 발언은 모두 삼가야 한다. 부정적인 피드백을 주고 나서는 반드시 긍정적인 피드백으로 마무리하여 학생들이 자신감을 잃지 않고 수업에 더욱 몰입할 수 있도록 지도한다. 교수자는 어둠에서 빛을 보고, 절망 속에서 희망을 찾고, 학생들로부터 긍정적인 모습과 능력을 찾아내는 열려있고 깨어있는 눈을 가져야 한다.

교수자는 학생들에게 적절한 본보기나 예를 들어 강의하고, 과제나 프로젝트를 다시 수정하여 제출할 기회와 인센티브Incentive를 주어야 한다. 또한 피드백은 지속적으로 그리고 즉각적으로 이루어져야 한다. 학생들에게 과제나 프로젝트에 대한 피드백을 상당 기간이 지난 후에 제공하는 것은 오히려 피드백을 아예 주지 않는 것보다 못하므로 주의한다. 왜냐하면 시간이 많이 지난 시점에서 피드백은 의미를 상실하기 시작하고 학생들은 교수자가 무엇에 대해 피드백을 해 주었는지 기억하기가 어렵기 때문이다.

피드백에 대한 학생들의 말

- 교수님께서 학생들의 저널을 하나하나 다 읽어보시고 코멘트를 달아주신 점이 좋았다.
- 교수님의 코멘트 하나하나가 부족한 나에게 도움이 되었다. 틀린 점이나 잘못된 점이 있을 경우에는 틀렸다고만 지적하는 데서 머무는 것이 아니라, 어떤 방향으로 나가야 하는지 자세하게 설명을 해주셔서 좋았다.

교수법 기본 원칙

　모두를 만족시키는 마술 같은 교수법은 이 세상에 존재하지 않는다. 그러나 보편적인 원칙은 존재한다.

　전 세계에 많은 자동차 회사들이 있다. 독일, 미국, 한국, 일본, 영국, 프랑스, 이탈리아 등지에서 자동차를 생산하고 있는데 경차에서부터 대형 트럭까지 모양, 사이즈, 그리고 용도가 다른 차량들이 만들어진다. 하지만 누가 어떻게 만들었든지 자동차의 기본적인 디자인과 작동 원리는 비슷하다. 교수법도 그렇다.

효과적인 강의식 교수법

"Thought flows in terms of stories - stories about events,
stories about people, and stories about intentions and achievements.
The best teachers are the best story tellers. We learn in the form of stories."
― Frank Smith

수많은 교수법들이 있지만 아직까지도 전 세계적으로 가장 많이 쓰이는 교수법은 강의식 교수법이다. 그렇다면 과연 강의란 무엇인가? 강의는 특별한 유형의 의사소통으로써 목소리, 제스처, 움직임, 얼굴 표정, 눈맞춤 등이 효과적으로 학생들의 몰입을 유도하기도, 또는 그와 정반대로 학생들의 주의를 딴 데로 분산시키기도 한다. 강의식 수업의 가장 큰 특징은 질문과 대답이 주로 사용된다는 것이다. 몇몇 학자들은 강의식 수업의 효과성에 대해 의문을 가지기도 하지만, 그럼에도 불구하고 대부분의 교수자들은 강의식 교수법을 선호한다.

지식을 전달하는 데 있어서 강의보다 더 효율적인 방법을 찾는 건 쉽지 않다. 강의식 교수법은 방대한 양의 수업 내용을 많은 학생들에게 빠르게 전달할 수 있어 효율적이다. 강의식 수업을 디자인할 때 교수자는 학생들이 학습 내용으로부터 의미를 찾을 수 있도록 학생들이 가지고 있는 주제에 대한 배경 지식을 먼저 진단해야 한다. 어떤 콘셉트나 원칙이 학생들에게 새롭고 흥미롭게 느껴지게 될지를 염두에 두며 강의를 준비하는 것이다. 매 학기마다 역량, 스타일, 학습 능력 등이 다른 학생들이 수업을 듣기 때문에 교수자는 수업 내용을 맞춤형으로 새롭게 구성하여 효과적으로 수업을 진행할 수 있다. 이것이 강의식 수업이 갖는 최대의 장점이다. 강의식 수업을 통하여 교수자는 자신이 가지고 있는 주제와 전공에 대한 열정을 학생들에게 보여주고, 그들에게 내재된 관심과 호기심을 불러일으킬 수 있다.

강의식 수업은 대학원생들의 전공 과목 수업에 더욱 효과적이다. 강의는 전문가가 어떻게 사고하고, 문제를 푸는지 보여주며, 흩어져 있는 내용들을 모아 요약하고, 최근 발견이나 문제점들에 대해 설명할 때 유용하게 쓰인다. 그러나 강의식 수업에도 단점이 있다. 가장 큰 단점 중 하나는 강의식 수업은 상위 수준의 학습엔 적합하지 않다는 것이다. 특히 이해, 적용, 분석, 종합, 그리고 평가엔 효과적이지 못하다. 또 다른 단점 중 하나는 강의식 수업에 대한 학생들의 수동적인 입장이다. 학생들은 오랫동안 집중하여 강의 듣는 것을 어려워한다. 수업 시간에 잠을 자는 학생들이 많은 이유는 강의에 집중을 하지 못하고 흥미를 잃어버렸기 때문이다. 마지막으로 강의식 수업을 하는 교수자는 학생들의 능력(학습 속도, 인지 기술, 관련된 배경 지식, 주제에 대한 관심도 등)이 비슷하다고 가정하고 수업을 진행할 수밖에 없다. 그러나 실질적으로 학생들의 역량과 이해의 정도는 매우 다르고 차이가 난다. 이 차이를 사실상 강의식 수업으로 줄이기는 매우 어렵다.

💬 강의식 수업에 대한 학생들의 말

✱ 교수님이 수업 시간에 지각하는 것뿐만 아니라, 수업 시간에 자신도 처음 보는 검증도 안 되고 내용도 잘못된 다큐멘터리 보기, 자신과 다른 분야에 대해 잘 알지도 못하면서 허튼소리 하기, 학생 발표로 수업 때우기 등의 방식으로 강의를 하였습니다. 그리고 강의계획서에 있는 내용을 강의하기는 하였으나, 그 비율이 너무나 달라서 제가 듣고 싶었던 강의와는 차이가 너무 컸습니다.

✱ 강의가 좀 더 유연하고 활력 있게 진행되면 좋을 것 같다.

✱ 뭘 배웠는지 모르겠다. 수업의 효율성이 현저히 떨어졌다. 그렇게 오랜 시간 걸려서 비효율적으로 할 내용도 아닌데도 수업을 질질 끌었다.

✱ 학생들이 얼마나 따라가는지 파악하지 못하신 것 같다. 또한 강의에 대한 학생들의 생각을 간과하셨다.

✱ 강의 중간에 강의와는 다른 내용으로 더 많은 시간을 보낸 것 같다.

✱ 얘기만 주로 하시는 교수님. 시험을 치는데 도통 배운 것이 없더라고요.

✱ 단시간에 너무 많은 걸 가르치려 하셨어요.

✱ 최악입니다. 학생의 수준과 상태를 고려하지 않은 일방적인 진도 빼기 수업.

✱ 우리의 수준에 대한 정확한 이해가 필요하다고 생각합니다.

✱ 진도를 나가는 데 너무 중점을 둔 것 같습니다.

✱ 짧은 시간에 너무 방대한 양을 하다 보니 따라가기 벅찼다.

✱ 정말 못 가르친다는 말들이 여러 차례 들리네요. 제자를 향한 기본 예의 중에는 글씨체도 포함이 되지 않을까요? 그리고 성적은 교수가 매기므로, 학생이 무조건 교수 기준에 따라야 한다라는 듯한 인상이었습니다. 수업 시간에 학생들을 집중시킬 수 있는 어떤 요소가 없었던 것 같아 아쉬웠습니다.

✱ 양적인 학습으로는 최고인 것 같다. 그러나 머리에 남는 것은 없다.

✱ 강의 내용에 대한 설명을 전혀 이해할 수 없었습니다. 파워포인트 사용법도 모르는 채로 수업 진행을 하시는 건 개선이 필요하다고 생각합니다. 또한 수업 진도를 나가기 위해서만 수업을 하는 것 같은 느낌을 지울 수 없었습니다.

✱ 생각보다 강의를 통해 많은 걸 전달받을 수 없어서 많이 실망스러웠습니다.

✱ 교수님께서 시대 흐름에 맞게 수업의 틀도 바꾸고 가르쳐야 할 내용도 바로잡아주셔서, 더 나은 강의를 해주시길 바란다.

✱ 강의를 좀 더 쉽고 알아듣기 좋게 하였으면 좋겠습니다.

✱ 무엇을 가르치는 것인지 모르겠다. 수업은 교과서를 바탕으로 학생들이 혼자 하기 어려운 부분을 더 다가가기 쉽도록 해야 하는 것인데 이러한 것들이 전혀 이루어지지 않았다.

✱ 뒤에서부터 자리가 찬다는 걸로 설명이 되리라. 강의에서 얻은 건 없었고 시험을 위해 홀로 공부했으니 독학이나 다름없었다.

✱ 수업 교재를 파워포인트로 해서 강의하셨었는데…… 학생들에게 나눠준 프린트물과 교수님의 수업 자료가 너무 많이 달랐습니다. 저희가 보충해서 적어야 하는 내용들이 너무 많아서 수업 시간에 글씨를 적느라고 막상 수업은 제대로 듣지 못했습니다.

✱ 학생들도 알 만한 내용만 강조하여 열심히 가르쳐 주시는 반면 학생들이 어려워하고 모르는 부분에 대해서는 소홀히 가르쳐 주셔서, 그렇게 큰 도움이 되는 강의는 아니었다고 생각한다.

✱ 너무 많은 정보를 단기간에 알려주려고 해, 얕게만 배운 듯.

✱ 수업 내내 똑같은 말만 반복한다는 느낌이 강했습니다. 그래서 수업이 끝나고도 오늘 배운 것이 무엇인지 돌이켜보면 잘 모르겠다는 생각이 많이 들었습니다.

강의식 수업 준비와 구성

• 학습 목표 세우기

교실로 들어가기 전에 교수자는 왜 자신이 그곳에 있어야 하는지 명확하게 알아야 한다. 수업을 통해 학생들이 꼭 알아야 하는 것과 꼭 할 수 있어야 하는 것이 무엇인지를 미리 머릿속에 그리고 콘텐츠를 구성한다.

• 강의 포맷 정하기

- 시사 중심적 강의 (예 : 상담자들이 경험하는 윤리적인 이슈는 무엇인가?)
- 원인 중심적 강의 (예 : 역사적인 결과의 원인은 무엇인가?)
- 해설 중심적 강의
- 케이스 스터디 Case Study 중심적 강의
- 자극적 강의(학생들의 지식과 가치관을 마구 흔드는)

• 강의 노트 아웃라인

읽기 위한 강의 대본을 준비하지 말고, 핵심 포인트가 적힌 리스트 List를 준비한다. 요지 Major Point를 설명하고 이해에 필요한 주지 Minor Point도 추가적으로 준비한다. 교수자는 전공에 대한 해박한 지식을 가지고 있기 때문에 이런 핵심 포인트를 찾아내는 것은 그리 어렵지 않지만 주어진 시간이 제한되어 있기 때문에 준비된 콘텐츠를 모두 다루는 것은 쉽지 않다. 그렇기 때문에 효율적인 수업 진행을 위해 요지와 주지를 중점으로 강의를 하는 것이 중요하다.

• **적절한 예시 활용하기**

적절하고 구체적인 예시(특히 학생들에게 의미 있고 친숙한)는 논문의 한 구절이나 초록을 읽어 주는 것보다 훨씬 더 도움이 될 수 있다.

• **자기 자신을 위한 노트**Note

프레젠테이션을 준비할 때 교수자에게는 보이고 학생들에겐 안 보여지는 노트를 삽입한다. 예를 들어,

"첫 번째 동영상을 보여준다."
"강의를 멈추고 질문이나 코멘트가 있는지 물어본다."
"팀별로 토의를 시킨다."
"유인물을 나눠 준다."

세련된 프레젠테이션Presentation은 많은 연습과 리허설Rehearsal을 필요로 한다. PPT 슬라이드를 보면서 어떤 행동을 취하고 어떤 표정을 지을지, 어떤 활동을 할지 미리 구상하고 수업에 들어간다. 교수자의 연출력도 수업 분위기와 학생들의 몰입 정도에 많은 영향을 미치게 된다. 교수자는 연기자고, 교실은 무대이며, 학생들과 함께 만든 멋진 수업은 하나의 명작임을 잊지 않는다.

• **학생들의 입장에 서서 핵심 포인트를 전달**

교수자가 준비한 다양한 수업 자료들은 학생들에게 쉽고 효과적으로 전달되어야 한다. 강의식 수업에서 학생들은 눈으로 보고 귀로 들으며 학습하기 때문에 쉽고 간결하게 설명하고 대화하듯이 강의를 진행하는

것이 중요하다. 수업 내용을 시각적 그리고 청각적으로 잘 전달하였다면 강의식 수업에서는 일단 성공한 것이다.

- 프레젠테이션과 명확성

- 학생들의 배경과 학습 목표에 대해 파악하기

학기가 시작되면 교수자는 학생들의 기본정보(이름, 전공, 학년 등) 외에 학습에 임하는 자세와 열정을 최대한 파악한다. A+를 받는 것을 제외하고 수업을 통해 얻어가고 싶은 것은 무엇인지? 만약 3가지만 배우고 싶다면 과연 무엇을 배우고 싶은지? 교수자는 학생들의 학습 목표를 파악하고 목표 달성이 가능하도록 최선을 다해 지도한다.

- 지난 강의의 핵심 포인트 복습하기

지난 수업 내용에 대한 질문이 있는지 반드시 확인하고 강의를 시작한다.

- 아웃라인 Outline 보여주기

강의 구성을 명확하게 하고 수업 아웃라인을 학생들과 함께 공유한다.

- 새로운 정보를 기존 정보와 연결

주기적으로 중요한 포인트를 반복 설명하여 콘셉트가 서로 어떻게 관련되어 있는지 살펴보게 한다.

- **핵심 포인트에 대한 예시**

대부분의 학생들에게 친숙하고 관련 있는 예를 들어 보여준다.

- **수업 내용의 난이도에 맞춘 프레젠테이션 속도**

만약 학생들에게 이해하기 쉽지 않은 주제에 대해 설명하고 있다면 속도를 줄인다. 필요하다면 강의를 멈추고 질문을 받는다. 중요 포인트를 반복하여 설명하고 이해를 돕기 위해 다른 예를 들어 보여준다.

- **학생들의 관심과 주의 끌기**

수시로 강의를 멈추고 주제와 관련된 질문을 받는다. 교수자는 학생들을 통하여 새로운 정보를 접할 수도 있기 때문에 학생들로부터 코멘트를 받는 것은 유용하다. 앞에 앉아 있는 학생들만 생각하고 있다고 단언하지 말고 수업을 듣는 모든 학생들의 관심과 주의를 이끌어 내 가능한 많은 의견과 아이디어를 가지고 서로 공유하고 소통하며 함께 배워 나가는 수업 분위기를 만들도록 한다.

- **강의 중 학생들이 자유롭게 발언할 수 있도록 허가**

책 읽기, 음악 듣기, 동영상 보기의 공통점은 무엇일까? 모두 다 필요하면 되돌려 보거나 반복해서 들을 수 있다는 것이다. 강의식 수업에도 이런 기능이 있어야 하지 않을까? 학생들의 필요에 따라 교수자는 언제든지 강의를 멈추고, 되돌리고, 반복해 주어야 한다. 수업 중 학생들이 자유롭게 발언할 수 있도록 기회를 주어야 하고 그들의 요청에 적극 귀 기울이는 교수자가 되어야 한다.

• 수시로 수업 내용 요약하기

학생들이 중요한 포인트를 이해하는 데 도움이 될 수 있도록 수업 내용을 수시로 정리하고 요약해 준다.

• 중요한 내용 강조하기

"대부분의 학생들이 어려워하는 콘셉트이지만 반드시 알아야 하는 중요한 콘셉트다."라고 강조하든지 아니면 더욱 강하게 "시험에 꼭 나온다!"라고 중요한 포인트를 확실히 짚어준다.

• 관심과 자극

• 학생들의 관심 끌기

본격적으로 수업에 들어가기 전 교수자는 빅 퀘스천이나 문제, 최근 뉴스나 사건을 적극 활용하여 학생들의 관심을 끌어야 한다. 흥미로운 이야기(겉보기엔 관련이 없어 보이지만 실제로는 수업과 밀접한 관련이 있는)를 들려주며 중요한 포인트 중 하나를 설명하면서 수업을 시작하는 것도 한 방법이 될 수 있다.

• 열정을 가져라

강의하고 있는 내용이 얼마나 중요하고 큰 가치가 있는지 학생들에게 알려라. 열정을 가지고 강의하는 교수자의 얼굴엔 아무리 감추려 해도 감춰지지가 않는 빛이 있다. 그리고 학생들은 교수자의 열정을 날카롭고 예민하게 감지하는 정확한 눈을 가지고 있다.

교수자의 열정에 대한 학생들의 말

- 교수님의 강의 시간 활용도가 내가 들었던 강의 중에 가장 높았던 것 같다. 열심히 가르치려고 하셨다는 것이 티가 난다.
- 교수님의 열심히 가르치시는 모습이 보기 좋았다.
- 교수님은 자신의 학문에 대한 자부심이 크다.
- 학생들에게 색다른 경험을 시켜주려는 모습이나, 끊임없이 생각하게 만들려고 노력하시는 모습이 인상 깊었다.
- 학생들의 의견을 충분히 반영해 주시는 점이 좋았습니다.
- 교수님의 유학 시절 경험을 바탕으로, 외국 학생과 비교해도 뒤처지지 않게 해주시려는 열정이 느껴졌습니다.
- 교수님께서는 항상 열심히 가르치십니다. 열정이 가득하고 책임감 있는 교수님이신 것 같습니다.
- 교수님께서 학문적 지식이 정말 많으셔서 저희들이 새로운 중국의 문화를 알 수 있는 기회여서 재미있었습니다.
- 교수님의 적극적인 태도가 인상 깊었다.

- ✱ 교수가 수업에 열정적으로 참여하지 않고 휴강이 너무 많았으며, 제대로 된 강의를 한 적이 거의 없다.
- ✱ 교수님의 열의가 학생들의 열의를 못 따라오신 것 같아요.

- **너무나 당연하지만 지루한 강의는 이제 그만**

지루하게 강의하는 방법은 간단하다. 피동적인 강의를 하면 된다. 만약 교수자가 교본대로 강의하고, 개인 의견을 내세우지 않고, 학생들의 질문과 코멘트를 무시한다면 학생들은 대부분 수업 시간을 낮잠 자는 시간으로 활용할 것이 분명하다. 지루하게 강의하는 교수자의 특징은 주제와 별로 관계없는 이야기를 자주하고, 본론에서 쉽게 벗어나 곁길로 샌다는 점이다.

> 💬 **지루한 강의에 대한 학생들의 말**
> ✖ 매번 같은 방식의 수업이 지루했다.
> ✖ 수업이 너무 지루했다.
> ✖ 너무 졸립니다, 선생님.
> ✖ 수업이 너무 딱딱합니다.

- **멀티미디어와 테크놀로지 사용하기**

다중 매체(슬라이드, 동영상, 웹사이트 등)를 활용하여 강의를 더욱 유익하고 선명하게 만든다. 다양한 방법(시범 보이기와 실험 포함)을 사용하여 수업을 흥미롭게 진행한다. 양질의 무료 온라인 강의 TED나 MOOC_{Massive Open Online Course}를 활용해도 좋다.

- **피드백과 상호작용**

대부분의 강의식 수업에서 교수자가 말하는 시간은 학생들이 말하는 시간보다 훨씬 많고 길다. 강의 중 교수자는 다양한 방법을 통해 학생들이 무엇을 얼마나 배우고 있는지 피드백을 받는다.

• **학생들의 반응**

학생들이 강의에 집중하고 있는가? 노트 필기는 하고 있는가? 아니면 혼란스러운 표정을 짓고 있는가? 자고 있거나, 스마트 폰을 만지작거리거나, 낙서를 하고 있는 학생들이 눈에 보인다면 교수자는 어떤 행동을 취해야 할까? 교수자는 강의에 집중하지 않는 학생들의 행동에 대해 너무 과민 반응을 보이거나 분노할 필요는 없다. 강제적으로 학생들을 학습하도록 만들 수도 없는 노릇이고, 그들의 선택과 판단에 대한 책임은 결국 그들에게 있다. 하지만 최소한 교수자는 강의를 집중하여 듣고자 하는 학생들이 집중하지 않는 학생들로 인해 피해가 생기지 않도록 그리고 방해를 받지 않도록 수업 운영을 해야 하는 책임은 있다. 소수 학생들로 인해 전체 수업 분위기가 흐트러지면 안 되기 때문이다.

• **만약 학생들이 이해하지 못한다면 강의를 멈추고 질문을 던진다**

명확한 질문을 던지되, 한꺼번에 여러 가지 질문을 던지지 않는다. 질문을 던진 후 학생들에게 생각할 시간을 충분히 준다.

• **1분 페이퍼**

수업을 마무리하면서 교수자는 1분 페이퍼를 활용하여 학생들로부터 피드백을 받는다. "이번 수업을 통해 배운 것 중 가장 중요하다고 생각되는 것은 무엇인가?", "아직까지 의문으로 남는 점은 무엇인가?" 교수자는 1분 페이퍼를 통해 학생들이 무엇을 배웠고 무엇을 아직도 어려워하는지 파악하여 다음 강의를 효과적으로 준비할 수 있다.

| 효과적인 영어 전용(강의식) 수업 운영

- 학생들에게 미리 평가에 대한 명확한 기준, 배점, 그리고 방식을 공지한다. 특히 영어 발표 등 영어 실력에 의해 평가될 가능성이 있는 부분의 평가 비율은 분명히 하는 것이 바람직하다.
- 다양한 시청각 자료 및 보충 자료를 제공한다.
- 강의록이나 학습자료를 미리 제공하여 학생들이 선행 학습을 할 수 있도록 배려해 준다.
- 온라인Online 학습 커뮤니티Community 등을 활용한다.
- 영어 과제에 대한 풍부한 피드백 제공한다.
- 중간고사 전후로 학생들에게 학습량, 진행 속도, 교수 방법, 그 밖의 어려운 점 등을 조사하고 파악하여 지속적인 개선을 통한 수업의 질 관리가 이루어지도록 한다.
- 고른 발언 기회를 주어 영어 실력이 낮은 학생들을 배려하고 영어 사용에 자신감을 갖도록 격려한다.

효과적인 토론 수업

"Every home is a university and the parents are the teachers."
― Mahatma Gandhi

수업 시간 중 토론은 학생들에게 배운 내용을 잘 소화하고 명확하게 이해할 수 있도록 도와준다. 또한 이성적인 사고와 정확한 판단을 가능하게 하고 학생들의 참여도를 높여 적극적인 학습 태도를 갖도록 만들어 준다. 만약 학생들의 사고 기술을 발전시키고 상위 레벨의 학습(응용, 분석, 합성, 창의력, 그리고 평가)을 원한다면 토론 시간을 반드시 갖도록 한다.

토론의 장점

토론을 통해 학생들은 자신의 아이디어를 짧고 명확하게 발표하는 기회를 갖는다. 그렇기 때문에 결과적으로 학생들은 더욱 발전된 소통 기술을 습득하게 된다. 그뿐만 아니라 학생들은 다른 학생들이 하는 말을 경청하며 적극적 듣기를 연습한다. 자신의 생각을 말하고 타인의 생각을 들으며 학생들은 새롭고 다양한 주제 그리고 아이디어를 접하게 된다. 이를 통해 자기가 가지고 있는 관심사와 가치관, 그리고 태도가 긍정적으로 변하기도 한다. 토론은 학생들이 수업에 적극적으로 참여하여 자기주도 학습을 가능하게 만들어 준다. 토론은 스스로 공부하고 싶은 마음이 생기도록 동기유발에도 큰 영향을 미칠 뿐만 아니라 학습 과정을 더욱 흥미롭게 만드는 효과가 있다.

토론의 단점

 토론에도 단점은 있다. 방대한 지식을 전달해야 하는 수업 방식으로는 적합하지 않다. 토론은 많은 준비와 시간을 필요로 한다. 아무리 준비를 철저하게 하더라도 토론은 교수자가 예상하는 방향으로 흘러가지 않을 수 있기 때문에 운영하고 관리하기가 쉽지 않다. 때때로 원래 수업 목적에 맞지 않는 결과를 접하게 되기도 한다. 어떻게 토론을 해야 하는지 잘 모르는 학생들을 토론에 참여시키는 것도 결코 쉬운 일이 아니다. 또한 논란의 여지가 많은 주제에 대해 토론할 때는 참여하는 학생들끼리 감정이 상하게 될 수도 있다. 그렇기 때문에 효과적인 토론이 이루어지려면 교수자는 자기 자신뿐만 아니라 학생들을 위해서라도 세심한 계획을 세우고 위험한 상황을 대비하는 등 철저한 준비를 해야만 한다.

효과적 토론수업 전략

 모든 사람이 서로 잘 볼 수 있도록 자리를 배치한다(O 아니면 U 배열). 이때 교수자는 교탁 뒤에 서 있지 말고 학생들과 함께 착석한다.
 자리 배치가 끝난 후 간단히 옆에 있는 학생들과 인사하는 시간을 갖는다.

교수자는 학생들에게 토론 활동에 대한 기대치와 목표를 명확하게 설명해준다. 이때 기본 규칙에 대해서도 설명한다(예를 들어, 토론에 적극적으로 참여해야 하고, 말하기 전에 반드시 손을 들어 허락을 받아야 한다 등).

교수자는 학생들이 토론에 진지하게 참여하도록 기존의 보상 제도를 수정해야 할 필요도 있다. 만약 수업 태도가 점수에 포함된다면 어떻게 반영되는지 명확한 설명을 해야 한다. 자기 평가, 동료 평가, 그리고 기대하는 참여도와 받아들일 수 없는 참여 수준이 자세하게 정의 내려져 있는 루브릭을 활용하는 것도 좋은 방법이다.

토론에서의 교수자의 역할

- **학생들을 알아라** : 먼저 교수자는 학생들을 잘 알아야 한다. 특히 성공적인 토론을 이끌어 내기 위해서는 더욱 그렇다. 학교에서 제공하는 출석부에는, 충분하지는 않지만, 학생들의 기본 신상 정보가 포함되어 있다. 교수자는 이 정보를 숙지한 후 추가적으로 학생들의 학습 목표나 배경에 대해 알아나간다.

- **준비는 철저히** : 강의 중심인 수업보다 토론 중심 수업이 더 많은 준비를 필요로 한다. 강의 중심 수업은 교수자가 얼마나 많은 내용을 얼마나 빠른 속도로 진도를 나갈지 결정할 수 있지만 토론 중심 수업은 예상하지 못한 다양한 주제와 문제를 가지고 토론을 진행해야 할 수도 있기 때문에 더 넓은 범위 안에서 준비하고 대처해야 한다.

- **토론 시작** : 교수자는 질문을 던지거나, 논란이 되고 있는 주제를 소개하거나, 어떤 경험에 대해 스토리텔링Storytelling을 하면서 토론을 시작한다. 이때 교수자는 가상적이거나, 추상적, 아니면 이론적인 것들보다는 학생들의 실생활과 밀접한 관련이 있는 친숙하고 익숙한 예시나 이야기로 시작하는 것이 좋다. 토론 시작 전 학생들이 효과적인 토론을 위한 사전 정보를 충분히 가지고 있는지 파악하고 만약 부족하거나 없다면 관련 정보를 제공하여 생산적인 토론을 할 수 있도록 지도한다.

- **토론 촉진** : 교수자는 토론이 시작되면 퍼실리테이터Facilitator의 역할을 수행하며 토론에 참여하는 학생들이 스스로 결론을 찾아나가도록 진행을 돕는다. 교수자는 학생들이 무엇을 말하고 있는지 경청하고 누가 참여하고 참여하지 않는지 전체적으로 진행 상황을 모니터링하면서 토론이 잘 이루어지지 않을 때에만 개입(돌파구 찾기, 추가적인 설명 요구)하도록 한다. 교수자는 토론이 진행되는 동안 학생들에게 자율권 보장을 위해서 인내를 가지고 기다려준다. 토론이 정상 궤도에 오르기까지 시간이 걸릴 수도 있기 때문에 침묵과 중간중간 일시 정지의 시간을 기꺼이 받아들인다. 왜냐하면 침묵의 시간은 분명히 감당하기 어렵지만 학생들에게 생각할 시간을 주어 더욱 명료하고 구체적인 주장을 펼칠 수 있게 만들어 주기 때문에 감수해야만 한다.

- **질문** : 교수자는 필요하다고 판단되면 학생들에게 토론 중 나왔던 코멘트나 의견에 대한 추가적 설명을 요청한다. 애매모호한 발언에 대해서는 해명을 요구할 수도 있다. 이때 교수자는 개방형 질문을 사용하여 학생들이 예, 아니오, 또는 한 단어로 답변을 하지 않도록 지도한다. 또한 다양한 의견과 아이디어가 도출될 수 있도록 토론에 참여하는 모든 학생들에게 질문을 통하여 문제를 제기한다.

- **갈등 대처** : 토론 중 갈등이 생기면 교수자는 적절한 대처를 위해 개입을 한다. 먼저 무엇 때문에 의견 충돌이 생겼는지 원인을 분명하게 하고 혹시 단순히 인식 차이로 오해가 생겼는지에 대해 점검한다. 찬성과 반대의 리스트를 눈에 잘 보이는 곳에 판서한다. 칠판이나, 유인물, 토론 게시판 등을 활용하면 좋다. 만약 대다수의 학생들이 의견 충돌로 인해 갈등을 겪고 있다고 판단되면 교수자는 토론을 잠시 멈추고 전체 학생들과 함께 소통의 시간을 갖도록 한다.

- **요약** : 교수자는 수업을 마무리 할 때 토론 내용을 요약하는 시간을 반드시 갖는다. 수업 중간 중간에도 토론 내용을 요약하여 학생들에게 전달하는 것이 좋다. 가능하다면 토론의 결론을 맺어주고, 합의된 내용을 확인하고, 모든 학생들이 동의하는지 확인한다.

- **토론 리뷰**Review : 교수자는 토론이 끝난 후 잘된 점과 그렇지 못한

점, 그리고 어떤 학생이 적극적으로 참여하고, 어떤 학생이 소극적으로 참여하였는지 생각해본다. 어떤 학생이 가장 큰 기여를 했는지, 어떤 학생이 주도를 했는지, 학생들의 코멘트 수준은 어땠는지, 그리고 학생들이 무엇을 배웠는지를 종합적으로 판단하고 학생들에게 디브리핑Debriefing을 해준다.

토론 참여 유도를 위한 전략

- **발언권 통제** : 교수자의 입장에서 보면 대체로 수업 시간에 발표를 잘하는 학생이 "좋은" 학생이지만, 반자동적으로 발표를 잘하는 학생만 계속 지명하는 것은 삼가야 한다. 특히 긴 침묵의 시간이 계속되고 있어도 말이다. 토론 시간에 조용한 학생들에게도 참여의 기회를 주어 그들의 의견을 듣도록 노력한다. 소수의 학생들이 토론을 이끌어 나가는 것을 방지하기 위해서는 여러 학생들에게 고루고루 발언권을 나누어 주어야 한다. 모순적이지만 수업 시간에 지나치게 많이 말하는 사람이 교수자 자신일 수도 있기에, 정기적으로 자신의 강의를 촬영하여 자가진단을 해보는 것도 많은 도움이 된다.

- **말하는 학생만 바라보지 않기** : 말하고 있는 학생과 눈맞춤을 하는 것은 당연하지만 너무 오래 응시하고 있으면 학생이 위축되거나 불편해할 수 있다. 교수자는 말하고 있는 학생뿐만 아니라 다른 학생들의 반응도 함께 모니터링한다.

- **개방형 질문** : 다양한 의견과 코멘트를 얻기 위해 교수자는 개방형 질문을 사용한다.

- **침묵과 친해지기** : 토론 중 침묵이 흐르더라도 지나치게 불편해할 필요는 없다. 교수자와 학생들 모두 생각할 시간이 필요하다. 특히 내성적인 학생들에게는 더욱더 그렇다. 자신의 생각을 정리하고, 타인의 아이디어를 충분히 소화할 수 있도록 침묵의 시간을 허락한다.

- **감정과 느낌에 대한 세심한 배려** : 어떤 주제를 가지고 토론을 하다 보면 감정이 생기고 부정적인 생각과 느낌이 들기도 한다. 이런 감정 상태로 효과적인 학습을 기대하기는 어렵다. 토론으로 인해 감정이 상한 학생들이 불편한 마음으로 교실 밖으로 나가는 일이 없도록 교수자는 제기된 문제들을 반드시 풀어주고 정리해준다.

- **학생들의 기여에 대한 인정과 격려** : 교수자는 학생들의 주장, 견해, 아이디어, 코멘트를 주의 깊이 듣고 필요하다면 추가적인 설명이나 예시를 요청하여 교수자가 학생들의 말에 집중하고 정확히 이해하기 위해 노력하고 있다는 인식을 심어준다. 또한 결과와는 상관없이 학생들의 노력하는 모습과 향상된 점들을 칭찬하고 격려해준다.

✔ 토론 참여의 장애물

- 습관적인 수동적 학습 태도
- 타인으로부터의 부정적 반응이나 평가에 대한 두려움
- 교수자가 원하는 답만 찾으려는 태도
- 토론하는 주제와 내용에 대한 가치 부여의 어려움
- 다른 대안을 고려하지 않고 해결책을 쉽게 찾으려는 마음

💬 토론에 대한 학생들의 말

✖ 토론만 하다 보니 수업이 너무 지루했고 참여하지 않는 학생들이 많았던 점은 아쉽다.

✖ 새로운 무언가를 얻어간다는 느낌보다 이미 알고 있는 것을 활용하여 토론을 하였기 때문에 과연 이러한 수업이 저의 능력을 향상시켜 줄 수 있는지에 대한 의문이 듭니다.

✖ 발표하는 사람만 계속해서 하는 것 같다. 전체적인 참여를 유도하면 좋지 않을까?

✖ 다른 조가 발표를 하고 있을 때 토론에 적극적으로 참여하지 않는 사람은 할 일 없이 그냥 앉아 있기만 했다.

✖ 교수님께서 보조 말씀을 좀 더 많이 해 주셨으면 좋겠다.

✖ 토론과 질의가 형식적인 측면이 있었다. 질의의 내용과는 상관없이 횟수로 평가하는 방식은 보완되었으면 좋겠다.

⊙ 초반에는 이론 강의가 조금 있었으나 거의 대부분의 강의를 토론 수업으로 진행하여 토론에 적극 참여할 수 있어서 좋았습니다. 과제도 팀 과제라는 명

목으로 팀워크 증진을 할 수 있게 해주셔서 좀 더 수업에 열의를 갖게 되었습니다. 감사합니다.

- 다양한 주제를 가지고 토론할 수 있는 기회여서 매우 좋았다. 참신한 생각을 할 수 있었고 시사적인 부분에 대해 깊이 있게 공부할 수 있었다.

- 교수님께서 토론이 끝날 때마다 그 주제에 대해 추가적인 설명을 해 주셔서 이해하기가 쉬웠고 더 많이 배워갈 수 있었던 것 같다.

- 토론을 통해 학생들의 수업 참여를 유도하시고 매시간 강의에 최선을 다하셨다.

- 듣는 수업만이 아닌 학생들이 직접 조사하고 발표하며 의견을 나누는 토론식 수업이 좋았다.

지평융합

철학자 가다머Gadamer는 두 대화 상대자 서로의 지평이 만나 하나로 융합되는 것을 지평융합Fusion of Horizon이라 표현했다. 진정한 이해를 위해서는 과거와 현재, 익숙한 것과 생소한 것, 나와 너 사이에서 융합이 이루어져야 한다.

진정한 융합이 이루어지면 사람은 변한다. 변하지 않으면 융합되지 않았다는 증거이고 지평의 융합 없이 이해는 있을 수 없다. 이해를 통해 말과 행동은 바뀌게 되고 융합 후의 눈, 코, 입, 귀는 더 이상 예전의 눈, 코, 입, 귀가 아니게 된다. 진정한 의미의 이해란 새로운 선글라스의 색을 통해 새롭게 세상을 해석한다는 말이다.

교수자는 자기 자신을 대화의 장에 활짝 열어 놓아 끊임없이 지평을 융합해 나가야 한다. 끊임없이 대화하고, 상황을 객관적으로 관찰하며, 질문과 대화를 통해 지평을 융합해 나갈 때 깊은 성찰이 가능하고 지혜가 생기게 된다.

책 읽기 지도

"Teachers shouldn't make the mistake of always thinking they're
the smartest person in the room."
― Taylor Mali

강의실에는 효율적으로 책 읽는 연습과 전략이 절대적으로 필요한 학생들이 넘쳐난다. 교수자는 전공 분야의 전문가이고 오랜 기간 교육을 받아왔기 때문에 책을 어떻게 하면 쉽고 효율적으로 읽어야 하는지 잘 알고 있다. 하지만 태어나면서부터 자연스럽게 디지털기기를 접하고 자유자재로 사용하는 디지털 네이티브 Digital Native인 요즘 학생들은 책 읽는 것이 어렵고 익숙하지 않다. 리포트 작성이나 발표는 비교적 열심히 하려고 하지만, 책 읽는 것은 옵션 Option처럼 대하는 학생들의 태도도, 어떻게 보면 책 읽기는 것에 대한 부담감과 어려움이 표출되는 것이라 볼 수 있다.

독서는 학습에 중요하다. 학생들은 다양한 책을 읽으며 지식을 습득한다. 교수자는 학생들이 수업 시간 전까지 읽어야 하는 책들을 반드시 읽어 오도록 지도해야 하는 책임이 있다. 학생들을 바다로 인도하는 것에서 끝나는 것이 아니라, 학생들에게 고기를 잡는 법까지 가르쳐야 하기 때문이다. 20~30% 정도를 제외한 나머지 70% 정도의 학생들은 반드시 읽고 와야 하는 책을 읽지 않고 수업에 임한다는 설문조사 결과를 접한 적이 있다. 슬픈 이야기지만 교수자는 이렇게 준비 안 된 학생들을 데리고 수업을 진행해야 하는 것이 현실이다. 왜 이런 현상이 생기는 걸까? 이유는 간단하다. 많은 학생들이 책을 읽는 것은 학점을 잘 받는 것과는 상관이 없다고 생각하기 때문이다. 과제, 리포트, 팀 프로젝트, 시험은 학점에 영향을 주지만 책은 읽든지 안 읽든지 점수에 영향을 미치지 않기 때문에 학생들이 중요하게 여기지 않는다. 책을 읽어 오지 않은 학생들 대부분은 수업 내용을 이해하는 데 많은 어려움을 겪는다. 학생들이 잘 이해하지 못하기 때문에, 교수자 역시 수업을 진행할 때 많은 어려움을 겪는다. 이런 불상사를 사전에 방지하기 위해 학생들이 책을 읽었는지 안 읽었는지 반드시 확인할 필요가 있다. 책에 나온 내용을 가지고 퀴즈를 내고 그 점수를 학점에 반영한다면 책 읽기에 대한 학생들의 태도는 달라질 것이다.

책 읽기 지도 방법

- **강의계획서 활용** : 강력한 강의계획서는 읽기 과제에 대한 교수자의 요구를 학생들이 적극 수용하고 따르게 만든다. 필수적으로 구입하고 읽어야 하는 교과서들의 제목만 나열하지 말고 어떻게 책 속의 내용들이 수업과 연계되는지 상세히 설명하고 그에 대한 배경 정보도 같이 제공한다.

- **수업활동 활용** : 수업 활동 중 학생들이 어려워할 만한 내용과 중요한 콘셉트를 수시로 요약하는 시간을 갖도록 한다. 어려운 전문용어, 콘셉트에 대한 배경 지식과 학문적 가치, 그리고 차트와 그래프

에 대한 설명도 곁들여 주면 좋다.

- **수업 시간 활용**: 필요하다면 수업 시간 중 15~20분 정도를 학생들이 책을 읽을 수 있도록(특히 중요도가 높은 내용 중심으로) 시간을 제공해 준다.

- **책 내용에 대한 테스트**: 학생들이 미리 책을 읽고 와야 수업에 적극적으로 참여할 수 있기 때문에 교수자는 책 읽기 과제를 중요하게 여겨야 할 필요가 있다. 읽어야 할 범위를 읽어 오지 않는 학생들 대부분은 수업에 적극적으로 참여하기 어려운 학생들이라 보아도 무방하다. 이런 현상이 발생하는 것을 최대한 막기 위해 교수자는 책 내용에 대해 학생을 지정하여 무작위로 질문하고, 성적에 반영되는 짧은 퀴즈를 지속적으로 운영하는 것이 바람직하다. 학생들이 책 읽기 과제를 안 하는 주된 이유는 교수자가 주기적으로 검사를 안하고, 학점에 직접적인 영향을 미치지 않는다고 여기기 때문이므로 이 점을 보강해야 할 필요가 있다.

- **읽기 전략 지도**: 학생들이 책과 가까워지고 효율적으로 책을 읽을 수 있도록 교수자는 시간을 할애하여 책 읽기 전략에 대해 가르친다.

더 나은 독자가 되도록 도와주는 전략

교수자는 학생들에게 특정한 교과서와 수업 자료들을 선택하고 수업 시간에 사용하는 이유, 목적, 가치, 그리고 관련성에 대해 설명한다. 학생들은 교수자의 설명을 통해 한 인격체로서 존중 받고 있다는 느낌을 받게 된다.

- 책 읽기는 계획된 수업 활동, 리포트 작성, 그리고 시험과 밀접한 관계가 있다는 사실을 인지시킨다.
- 다음 수업 전까지 읽어야 하는 챕터Chapter를 같이 미리 보기하여 책을 읽기 위한 마음의 준비를 시킨다.
- 책 전체를 가지고 수업을 진행하기보다 내용 중 업데이트되어야 하는 부분과 학생들이 이해하기 어려운 콘셉트를 중심으로 설명을 하여 이해를 도와준다.
- 가능하다면 읽어야 하는 책의 분량을 최소화한다.
- 학생들은 교과서나 학술논문이 어떤 구조로 되어 있는지 익숙하지 않을 수 있다. 그렇기 때문에 교수자는 학생들에게 수업 시간 중 일부를 할애하여 목차, 도입 부분, 그리고 챕터Chapter나 섹션Section의 배치 등을 살펴볼 수 있도록 기회를 마련해 준다. 길에 다양한 도로 표지판이 있는 것처럼 책 속에도 도로 표지판 역할을 하는 제목, 작은 표제, 그리고 이탤릭 체/볼드 체 등을 눈여겨보며 책을 읽을 수 있도록 지도한다.
- 수업 시간에 아무런 지도 편달 없이 몇 페이지부터 몇 페이지까지 읽어 오라고 과제를 내주는 것은, 외국으로 여행을 떠나는 학생들의 손에 지도를 쥐어 주지 않고 맨 손으로 보내는 것과 크게 다르지 않다는 점을 명심한다.

- 효율적으로 책을 읽는 사람들은 목적을 가지고 책을 읽는다. 중요하고 유용한 것들을 책 속으로부터 찾아내는 것이다. 목적 없이 책을 읽는 학생들을 위해서 교수자는 몇 가지 학습 질문이나 문제를 던져 학생들이 목적의식을 갖고 책을 읽을 수 있도록 지도한다. 교수자는 학생들이 제출한 질문과 문제의 답을 채점한 후 엑스트라 점수Extra Point를 부여하는 것도 고려해 본다.
- 점수를 부여하지 않으면 학생들은 과제가 중요하지 않다고 여기게 된다. 책 읽기의 중요성과 가치에 대해 학생들과 소통하고 책 읽기와 관련된 활동에 점수를 반드시 부여하여 최종 학점에 포함시키도록 한다.
- 책 읽는 과정이 목적에 따라 어떻게 달라지는지 설명해 준다.
- 독서할 때 요약정리 방법에 대한 설명을 해준다.
- 사전 사용이 습관화되도록 지도한다.
- 책에 대한 관심과 호기심을 자극해 준다.
- 텍스트Text를 올바르게 이해하기 위해 반드시 필요한 문화적 코드Code의 중요성에 대해 설명한다.
- 텍스트로 인하여 학생들의 관점이 바뀔 수도 있음을 설명한다.

💬 책 읽기에 대한 학생들의 말

○ 책을 읽고 나의 질문을 만드는 과정에서 많은 생각을 하게 한다는 점이 좋았다.

✱ 그저 책을 읽는 것이 한 학기의 끝이었다.

✱ 이게 무슨 수업인가 싶다. 책만 읽어준다. 나도 할 수 있겠다.

✱ 교수님께서 그냥 책을 읽어만 주신다. 나 혼자 공부하는 거와 다른 게 없는 것 같다.

✱ 두서없는 내용이 아쉬웠다. 교재가 정해졌으면 더 좋았을 것이다.

✱ 교재가 정해지지 않아 매번 프린트를 구입해야 되는 불편함. 흥미를 유도하지도 못하고 수업 내용 이해에도 도움이 안 되는 자료 사용.

✱ 교재의 양이 너무 방대하고 이해하기 어렵다.

온라인 Online 수업

"When the only tool you own is a hammer,
every problem begins to resemble a nail."
— Abraham Maslow

온라인 코스는 이제 모든 대학에서 제공되고 있다. 그러나 퀄리티 Quality 있는 온라인 코스를 개발하고 운영하기 위해 교수자들이 고민해야 할 점은 아직도 상당히 많다. 너무 부실하게 개발되어 학생들에게 보여주기 민망할 정도의 온라인 코스들이 아직도 즐비한 실정이다. 그럼에도 불구하고 온라인 수업을 듣는 학생들이 꾸준히 증가함에 따라 학교는 이런 수요에 발 맞추기 위해 노력하고 있다. 아직까지 온라인 수업을 개발하는 책임은 개개인의 교수자에 달려 있다. 이런 현상은 규모가 작은 학교와 온라인 학습이나 교육 디자인 관련 인적자원이 부족한 학교에서 더욱 두드러진다.

온라인 코스는 교수자와 학생이 얼굴을 마주하며 교육이 일어나는 일반 수업과는 근본적으로 다르다. 온라인 코스를 디자인하고 운영할 때 수업 시간에 다루어질 콘텐츠 Contents 를 단순히 웹 Web 에 올려 놓는 것으로 끝나서는 교육의 효과를 기대할 수 없다. 어떤 매체 Medium 로 교육을 하느냐에 따라 소통의 본성, 과정, 그리고 궁극적으로 콘텐츠가 급진적으로 바뀌기 때문에 무엇을, 어떤 방법으로, 어떻게 가르칠지에 대한 교수자의 깊은 고민과 철학이 더욱더 절실히 필요한 것이 온라인 코스다.

온라인 코스와 일반적인 수업은 두 개의 완전히 다른 환경이다. 그렇기 때문에 온라인 코스를 운영하는 교수자는 기존의 교수법과 학습법에 대해 다르게 생각해야 하고 교수자의 역할을 새롭게 정립해야 한다.

온라인 코스를 운영하면서 저지르는 가장 큰 실수는 강의 노트, 슬라이드, 강의를 촬영한 동영상을 웹에 올려 놓고 온라인 수업이라고 부르는 것이다. 물론 강의 동영상을 웹 페이지에 탑재하였을 때의 장점도 있다. 즉시 반복해서 학습이 가능한 점이다. 하지만 많은 온라인 학습 이론가들은 이런 방법이 학생들의 학습에 큰 도움은 되지 못한다고 주장한다. 본질적으로 코스 콘텐츠나 주제에만 초점이 맞추어져 있기 때문에 학습과정에 중요한 요소인 교실 환경, 학생간의 협력 관계, 문제 해결과 협동 등이 제한적이기 때문이다.

전통적인 수업과 온라인 수업의 주요 차이점

- 온라인 수업에서는 학생의 활동이 개별적으로 일어난다. 전통적인 수업에서는 모든 학생이 같은 수업 시간에 동시에 만난다. 온라인 수업을 듣는 학생은 24시간 내내 가장 편한 시간에 코스 내용을 접할 수 있다.

- 온라인에서 이루어지는 토의는 대부분 비선형적이다. 그렇기 때문에 학생들은 여러 가지 대화를 가지고 저글링Juggling을 해야 한다. 전통적인 수업에서 토의는 한 학생이 한 번씩 순서대로 발언권을

가진다. 온라인 수업에서 토의는 대부분 메시지보드Message Board나 포럼Forum을 통해 이루어지고 학생들은 다수의 대화에 동시 다발적으로 참여할 수 있다.

- 비동기Asynchronous 온라인 수업에서 대부분의 소통은 문장(토론 보드, 과제 지도, 개인적인 피드백 등)으로 이루어진다. 글을 쓰는 것은 말하는 것보다 시간이 많이 걸린다. 15분 정도의 구술된 대화의 내용을 글로 옮기기 위해서는 전문가도 약 1시간 정도의 시간이 필요하다. 그렇기 때문에 온라인 코스를 담당하는 교수자가 필요로 하는 시간은 상당할 수밖에 없다.

- 교수자와 학생이 서로 떨어져 있기 때문에 소통이 즉각적이지 못하고 상대적으로 느리다. 인터넷의 발달로 빠른 정보의 열람과 즉각적인 메시지 주고받기가 가능하지만 여전히 전통적인 수업보다는 커뮤니케이션Communication이 느리다. 전통적인 수업에서는 학생이 질문을 하면 교수자가 즉각적으로 답변을 해줄 수 있지만 온라인 수업에서는 이메일이 교수자와 학생간 주요 커뮤니케이션의 수단이기 때문에 원하는 답을 즉시 얻을 수 없고 때로는 상당 기간 기다리는 시간을 요하기도 한다. 교수자가 학생들의 질문에 느리게 응답할 경우 온라인 수업을 듣는 학생들의 불만이 커질 수 있다.

- 전통적인 수업에서 교수자들은 정기적으로 학생들과 만난다. 그리

고 정해진 오피스 시간Office Hours에 학생들과 만날 수 있다. 하지만 온라인 코스는 특성상 학생들과 만나는 시간이 정해져 있지 않기 때문에 하루 24시간, 일주일 내내 학생들과 접촉해야 하고, 그들의 요구에 적절히 대응해 주어야 하는 과제가 부여된다. 인터넷에 익숙한 학생들은 즉각적인 욕구 충족에 익숙하기 때문에, 질문이나 요구사항들에 대한 교수자의 즉각적인 답변과 반영을 기대한다. 그렇기 때문에 온라인 코스를 운영하는 교수자는 더 많은 시간을 웹에 할애하여야 한다. 그렇지 않으면 학생들의 불만과 커뮤니케이션 그리고 협동의 상실에서 자유로울 수 없게 된다.

- 온라인 코스의 정보량은 크다. 전통적인 수업은 대부분 정적Static이다. 수업 내용은 수업 시간 전, 아니면 학기 전에 미리 준비되고 수업 토론은 제한된 내용으로 이루어진다. 반면 온라인 수업은 광범위한 웹상에서 무궁무진한 내용과 정보를 가지고 수업을 운영할 수 있다.

- 온라인 코스에서 교수자의 역할은 전통적인 수업과 차이가 있다. 온라인 코스에서 교수자는 지식과 정보를 전달하는 전달자의 역할보다, 자기주도적 학습이 이루어지도록 옆에서 학생들을 조언해 주는 협력적 가이드Guide의 역할이 더욱 바람직하다. 어떤 수업에서는 교수자가 같이 배우는 동료의 역할을 수행하여 학생들에게 수업 일부분을 맡아 가르치도록 기회를 주기도 하고 새롭고 계획에 없던 아이

디어를 수업에 가져오도록 하여 토론의 기회를 열어주기도 한다.

온라인 코스를 디자인하는 교수자의 가장 큰 도전은 어떻게 기존에 가지고 있던 코스 내용을 독특한 특성의 온라인 환경으로 바꾸는가에 있을 것이다. 극대화된 학습 효과를 위하여 어떻게 온라인 코스를 구성해야 좋을까? 좋은 온라인 교육은 좋은 교육으로부터 시작된다. 온라인 코스든, 전통적인 코스든, 교수자는 지식과 정보의 전달 방법뿐만 아니라 교수법과 학습법에 대한 테크닉과 콘셉트를 잘 알고 있어야 한다. 좋은 수업 운영 테크닉은 원거리 교육에 큰 효과가 있다.

온라인 코스 디자인 팁

1. 학생들끼리 상호 관계를 돈독히 하고 적극적으로 협력할 수 있도록 코스를 디자인하라.

최고의 온라인 지도Instruction는 교수자의 강의에 중점을 두기보다 상호작용을 통하여 구축된 학습을 이끌어 내는 것이다. 특히 성인 교육에서 학생들은 교수자가 전달하는 지식이나 정보를 받아들이는 것보다 내적인 지식의 표상을 적극적으로 구축하는 것을 선호한다. 학생들의 협력은 수업 토론 보드와 포럼에 의해 충분히 끌어낼 수 있다. 온라인 코스는 학생들에게 수업 내용에 대해 토론하고 질문에 답할 수 있는 공간을 제공하기 때문에 토론 보드를 활성화시키면 학생들은 자신의 생각과 의견을 동료들과 공유하면서 전통적인 토론 수업에서와 같이 서로 주고 배우는 학습 효과를 거둘 수 있다. 만약 교수자가 학생들에게 자유롭게 서로의 메시지와 생각에 응답하게 하고, 질문을 던지게 지도한다면 온라인 코스에서도 협력적인 수업 운영은 충분히 가능하다. 만약 대형 강의일 경우 그룹을 작게 나누어 협력적인 응답이 가능하도록 디자인을 한다. 여기서 유의해야 할 점은 학생들에게 충분히 작업할 시간을 주는 것이다. 온라인 코스가 특성상 상대적으로 느리게 진행될 수 있기 때문에 너무 많은 작업을 자주 주면 학생들이 많은 부담을 느낄 수 있다. 부담이 커질수록 학생들의 수업에 대한 태도는 적극적 참여 모드에서 생존Survival 모드로 바뀌게 될 확률이 높아진다. 학생들의 참여를 높이기 위해 교수자는 필요에 따라 적극적인 개입도 필요하다. 또한 의미 있는 상호작용이 되기 위해서, 교수자는 코스를 신중하게 계획하고 지속적인 모니터링을 해야 한다.

2. 학생들에게 콘셉트 간의 관계를 명확하게 연결시켜라.

적극적인 학습은 학생들이 수업 시간에 배운 콘셉트Concept를 다른 콘셉트에 연결시킬 수 있고, 그들의 삶과 새롭게 습득한 콘셉트가 긴밀한 관련이 있어야 일어난다. 특히 실생활에 말이다. 수업 시간에 다뤄진 콘셉트를 가지고 학생들이 새로운 콘셉트를 창조하도록 적극 지도하는 것이 교수자와 학생이 서로에게 배우는 학습 커뮤니티를 만드는 데 도움이 된다. 만약 새로 만들어진 콘셉트가 교수자의 것이 아닌 학생들이 스스로 도출하고 창조해 낸 것이라면 쉽게 잊어버리지 않고 실생활에 다양하게 적용할 수 있을 것이다. 온라인 코스를 수강하는 학생들은 대부분 직업을 가지고 있기 때문에 교수자는 학생들에게 수업에서 다루어진 이론적인 콘셉트가 어떻게 일터에 적용되는지 물어볼 수 있다. 또한 일터에서 발생하는 실질적인 문제와 해결책을 제시하도록 요구할 수 있다. 이런 수업 방식은 문제 해결 능력을 증진시킬 뿐만 아니라 코스와 일터를 연결하여 협력적인 수업이 가능하도록 한다.

3. 학생들과 소통하고 학생들과 함께하라.

성공적인 온라인 코스를 운영하기 위해서 교수자는 학생들과 원활한 소통을 해야 하고 신속한 피드백을 해 주어야 한다. 온라인 코스는 특성상 학생과 교수자가 서로 떨어져 있기 때문에 눈앞에 교수자가 보이지 않더라도 교수자가 수업에 열정적으로 임하고 있다는 느낌을 학생들이 충분히 받아야 한다. 충분하고 신속한 교수-학생 상호작용이 없다면 학생들은 수업과 단절되고 고립된 느낌을 가지게 되어 학습이 제대로 이루어지기 힘들다. 온라인 코스에서 교수자가 수업에 충실히 임하고 있다는 강한 인상을 남기는 몇 가지 방법들을 소개한다.

- 신속한 이메일과 전화 응답(24시간에서 48시간 안에)
- 학생들의 과제물이나 행동에 대한 지속적인 관심과 칭찬, 그리고 피드백
- 수업 시간 외 학생들과 소통하려는 의지
- 코스와 관계없는 사진과 이야기가 함께 실려 있는 교수자의 홈페이지 구축

- 학기 중 몇 차례 실시간 웹 카메라를 이용한 화상 수업 진행: 교수자의 실물과 비언어적인 Non-Verbal Cues 힌트를 접하면, 학생들이 교수자의 문어 Written Language 소통 스타일을 파악하게 되어 교수자의 의도나 뉘앙스 Nuance를 좀 더 정확하게 디코딩 Decoding하여 오해를 줄일 수 있는 효과가 있다.

- 수업 내용 외 다른 내용을 가지고 학생들이 자유롭게 소통할 수 있도록 공간을 마련한다.

- 처음 몇 주간 동안은 학생들이 올려 놓은 포스트 Post에 모두 답 글을 달아준다. 짧은 코멘트도 좋다. 교수자가 자신이 웹에 올린 내용들을 읽지 않는다고 느끼면, 학생들은 가장 적은 공을 들여 코스를 패스하겠다는 절약형 생존 모드를 갖게 된다. 결국 그들에게 적극적인 학습활동을 기대하기 어렵게 되는 것이다.

- 정기적인 실시간 화상채팅은 온라인 코스를 수강하는 학생들의 중도 탈락을 방지하고 수업에 대한 긍정적인 태도를 함양시키는 데 도움이 된다.

이런 프랙티스 Practice들은 원거리에 있고 컴퓨터 모니터 안에 존재하는 차가운 가상의 교수자의 이미지를 실제로 눈앞에 존재하는 것 같은 가깝고 따스한 교수자의 이미지로 바꾸는 데 많은 도움이 된다. 분명히 온라인 코스에서 교수자가 해야 할 일이 많다. 비록 학생들이 눈앞에 보이지는 않지만 전통적인 수업에서와 마찬가지로 온라인 코스를 담당한 교수자는 수업에 전념을 다해야 한다.

4. **학생들이 배운 내용을 충분히 소화할 수 있도록 학습량과 과제의 분량을 현실적으로 정한다.**

온라인 코스를 수강하는 학생들 대부분은 사회 생활과 학업을 병행하고 있기 때문에 과다한 학습 로딩Loading은 그들에게 큰 부담이 될 수 있다. 또한 수업이 글쓰기로 이루어지기 때문에 더욱 많은 시간을 소비하게 된다. 수업도 신경 써야 하고 사회 생활도 동시에 해야 하는 학생들에겐 이런 이유로 상당한 심리적 압박을 받는다. 또한 인터넷의 발달로 광범위하게 접할 수 있는 정보는 학습에 도움을 주기도 하지만 반대로 방해가 되기도 한다. 그렇기 때문에 교수자는 학생들이 가지고 있는 제한적 시간을 고려하여 학습량과 과제의 분량을 현실적으로 정해 주어야 한다.

5. **학습 목표에 맞는 적절한 기술적인 도구와 프로그램을 사용한다.**

망치를 든 사람에게는 못만 보이듯이 온라인 코스를 담당하는 교수자는 특정 도구Tool를 편애하기 쉽다. 그러나 다른 기술적인 도구나 프로그램은 다른 학습 경험을 가능하게 만든다는 것을 염두에 두고 학습목표에 맞는 최적의 도구를 사용하여 매치Match시킨다. 어떤 기술적인 도구와 프로그램을 사용할지는 온전히 학습 목표에 의하여 정해지는 것이 바람직하다.

계획하는 것이 끝났으면, 아이디어를 온라인 코스에서 실제로 구현하는 것이 교수자가 해야 할 일이다. 온라인 코스를 구현하기 위해서는 파일럿 테스트Pilot Test뿐만 아니라 웹사이트의 콘텐츠와 기능성을 확인해야 한다.

6. 온라인 코스를 구현하기 위해 최소 1년의 준비 기간을 갖는다.

최소 계획에서 수업 첫날까지 : 새로운 온라인 코스 개발에 주어지는 시간은 대부분 6개월 이내다. 그러나 1년 정도의 충분한 시간을 요청하는 것이 이상적이다. 이런 충분한 리드Lead 시간은 코스를 온전히 개발하는 데 필요하기도 하지만 파일럿 테스트Pilot Test를 거칠 수 있도록 하여 온라인 코스를 수강하는 학생들에게 만족할 만한 온라인 학습의 경험을 가능하게 도와준다. 파일럿 테스트로 발견되는 흔한 문제점들은 기능 불량의 콘텐츠 링크Link와 기술적 모듈Module, 그리고 정보의 불일치 등이다. 수업이 시작되기 전 실시간 웹 채팅, 토론 보드 등 기술적인 도구들이 제대로 작동하는지 확인한다. 어떤 기술적인 프로그램은 학교의 네트워크와 호환성 문제로 작동이 원활하지 않을 수 있기 때문이다. 이런 문제들은 수업이 시작되기 전에 발견하여 반드시 해결한다.

7. 학생들이 기술적으로 준비되었는지 확인한다.

작동이 안 되거나 오작동하는 온라인 코스는 학생들에게 고립감을 느끼게 해줄 뿐만 아니라 큰 실망을 가져다 준다. 수업이 시작된 후 발생하는 기술적인 문제를 해결하기 위해 쓰는 시간은 학습활동에 필요한 소중한 시간에서 끌어 써야 하기 때문에 비생산적이고 아까운 시간이다. 수업이 시작되기 전에 학생들을 기술적으로 준비시키는 것은 학기 중 문제시될 수 있는 이슈들을 미연에 방지할 수 있는 좋은 방법이다.

교수자는 학생들이 온라인 코스를 수강하는 데 필요한 기술적 지식과 능력을 가지고 있고, 온라인 환경에 대한 준비가 되어 있는지 예비 테스트를 거치는 것을 고려해야 한다. 기본적인 컴퓨터 능력시험을 통과한 학생들만 온라인 코스를 수강할 수 있도록 제도적 장치를 만드는 것도 한 방법이 될 수 있다. 사전에 학생들이 가지고 있는 컴퓨터 사양과 브라우저Browser의 호환성 등을 테스트하도록 하여 코스에 참여하는 데 문제가 없도록 준비시킨다.

8. 온라인 코스는 특성상 기밀 유지가 어렵고 프라이버시Privacy 침해의 위험이 있다는 것을 학생들에게 미리 공지한다.

교수자는 학생들에게 부적절한 정보를 포스팅Posting하지 못하도록 주의를 주어야 한다. 수업에 같이 참여하고 있는 동료와의 사적인 대화 내용, 민감한 건강 상태, 학점 등은 코스와 관련이 없을 뿐만 아니라 의도하지 않은 정보의 공유는 학습 커뮤니티를 아프고 혼란스럽게 만든다. 전통적인 수업에서 적절하지 않다고 판단되는 정보들은 대부분 온라인 수업에서도 적절하지 않다. 교수자는 이러한 기준을 가지고 모두가 받아들일 만한 행동 규범과 그라운드 룰Ground Rule을 정하여 강의계획서에 명확히 명시하여야 한다.

온라인 학습의 고유한 퀄리티Quality를 제대로 이해하고, 온라인 코스를 개발하고 운영한다면 학생들에게 좋은 학습 경험을 선사하게 될 것이고 교수자 또한 새로운 교수법을 시도하게 되는 소중한 기회와 계기가 될 것이 분명하다. 어떤 수업 방식이 더 좋은가? 전통적인 수업? 온라인 수업? 아니면 혼합형 수업? 전통적인 수업처럼 온라인 수업에서도 기대하는 학습 효과가 나타나는가? 아직도 많은 논란이 계속되고 있지만 효과적인 온라인 수업을 만들기 위해서는 기본적으로 훌륭한 교육 제공이 뒷받침되어야 할 것이다.

선생님

우리나라 사람들은 남을 높여 부르는 것을 좋아한다. 그래서 상대방이 실제 교육자가 아니라도 선생님이라고 부른다. 하지만 진정 선생님이라고 불리는 교수자는 무엇보다도 한번 주어진 자신의 소중한 삶에 대한 진지한 고민과 자신에 대한 깊은 성찰을 끊임없이 해 나가야 한다.

직함과 위치에 연연하기 전에 내가 학생들 앞에 당당하게 서 있을 수 있는지, 나의 능력이나 실력의 정도가 학생들을 가르치기에 충분한지, 나의 가르침이 학생들의 삶에 긍정적인 영향을 미치고 있는지 자문해 보아야 할 필요가 있다.

수업과 연계된 봉사활동

"A teacher affects eternity; he can never tell where his influence stops."
— Henry Brooks Adams

    수업에 봉사활동을 연계하여 운영하는 교수자들이 있다. 수업 시간에는 학생들에게 양질의 이론과 지식을 전달하고 수업 외 시간에는 학생들을 봉사활동에 참여시켜 경험을 통한 학습 기회를 제공해 주는 것이다. 수업과 연계된 봉사활동을 성공적으로 운영하기 위해서는 봉사활동에 참여하는 학생들의 교육적 니즈Needs와 학생들의 서비스Service를 제공 받는 커뮤니티Community의 현실적인 니즈가 맞아떨어져야 한다. 그러기 위해 커뮤니티는 현실적인 니즈가 무엇인지를 파악해야 하고, 학생들과 협력하여 가장 효과적으로 니즈가 충족될 수 있는 접근 방법에 대해 충분한 고민과 논의가 이루어져야 한다.

    교수자는 봉사활동을 의미 있는 수업으로 만드는 데 어떻게 도움이 될 수 있는지 충분히 생각해야 한다. 봉사활동을 통해서 학생들은 무엇을 배울 것인가? 어떻게 배울 것인가? 예상되는 학습 결과는 무엇인가? 우선적으로 교수자는 좋은 계획과, 계획의 유연성을 가지고 의미 있는 봉사활동을 학생들이 경험할 수 있도록 디자인해야 한다. 학생들에게 성찰 과제(수업 시간 토론, 리포트 작성, 포트폴리오, 일기 쓰기 등)를 주어 봉사활동을 통해 무엇을 새롭게 배우게 되었는지 그리고 수업과의 연결 고리는 무엇이지 되돌아보고 찾을 수 있도록 기회를 제공해야 한다.

많은 연구 결과에 의하면 봉사활동은 학생들에게 다양한 학습을 가능하게 해 준다고 한다. 긍정적인 결과로는 원활한 대인관계, 효율적인 시간관리, 그리고 비판적 사고 기술 등을 꼽을 수 있다. 또한 학생들은 봉사활동을 통해 성장하는 자기 자신의 모습을 바라보며 행복감을 느끼게 되고, 지역 사회의 당당한 주인이라는 자신감이 생기게 된다. 커뮤니티는 학생들의 재능과 기술적 도움으로 소중한 혜택을 받게 된다. 학생들에게도 좋고 지역사회에도 좋은 수업과 연계된 봉사활동을 성공적으로 운영하기 위해서 교수자는 봉사활동을 통한 학습 과정과 결과물은 수업의 학습 목표와 목적 설정으로부터 시작된다는 점을 기억하고 학생들에게 세밀하고 구체적인 구상으로 목표 달성이 가능하도록 지도하는 데 힘써야 한다.

깊이 있는 학습

"Education is light, lack of it darkness."
— Russian proverb

 논란의 여지가 분명히 있지만 요즘 학생들이 선호하는 수업은 다음과 같은 특성을 가진다. 과제와 읽기 분량이 적당하고, 시험만 잘 보면 좋은 학점을 받을 수 있고, 적극적 참여는 필요 없이(야구 경기를 구경하듯) 관전만 잘하면 되고, 골치 아픈 팀 프로젝트가 없고, 언제 누가 지명될지 뻔하여 수업에 긴장감이 없는 수업이다. 학생들이 선호하는 수업은 교수자가 생각하는 좋은 수업과는 매우 다르다. 수업 시간에 무엇을 배우고, 배운 내용들이 자신의 능력 발전에 어떻게 기여하고 있는지, 인격 발달에 어떤 도움을 주는지로 수업의 좋고 나쁨을 판단하는 것이 아니라, 학점을 얼마나 쉽게 잘 받을 수 있는지의 여부만으로 학생들은 교수자와 수업을 평가한다. 이런 상황에서 교수자는 딜레마에 빠지게 된다. 자신의 좋은 수업을 계속 고수해야 할지, 아니면 학생들이 선호하는 수업으로 적절히 타협해야 할지 말이다.
 깊이 있는 학습을 위해서는 학생들이 마냥 안락하고 편안해서만은 안 된다. 교수자가 학생들에게 배움의 장을 열어주지 못한다면 이것은 분명한 직무 유기다. 교수자는 학생들에게 적당한 긴장감을 조성하여 학습 동기를 부여하고, 더 나아가 자기학습 능력 강화를 위해 수업의 지휘

자가 되어야 한다. 너무나 편안한 수업에서는 깊은 학습이 일어나지 않는다. 수업 효과를 고려하여 의도적으로 학생들을 조금 덜 편안한 곳으로 이끌어야 한다.

학습 동기 유발을 위한 6가지 전략

- 주의 집중 : 학생들의 주의 집중은 쉽게 흐트러지기 일쑤다. 교수자는 학생들이 수업에 몰입할 수 있도록 흥미로운 수업 자료를 활용하거나 독특한 수업 활동을 통해 학생들의 주의를 집중시킨다.

- 자기 효능감 강화 : 자기 효능감 Self-efficacy이란 주어진 문제를 자신의 노력과 역량으로 성공적으로 해결할 수 있다는 자기 자신에 대한 믿음과 기대감이다. 높은 자기 효능감은 학습에 대한 몰입과 지속성을 가능하게 하여 학업 성취도를 높이는 결과를 가져다 준다. 그 결과, 자기 자신에 대한 자신감을 되찾을 수 있기 때문에 교수자는 학생들이 자기 효능감을 기를 수 있도록 지도하고 지원해야 한다. 강의 내용을 설명할 때 실제 생활과의 관련성을 강조하고 용기를 북돋우는 칭찬과 건설적인 피드백을 아끼지 않는다면 학생들은 최선의 노력을 다하게 될 것이다.

- 협동학습 장려 : 학생들은 협동학습 과정을 통해 주어진 과제나 프로젝트를 성공적으로 수행함으로써 자신감을 갖게 되고, 그 결과로

자신에 대한 만족감과 자존심이 고양된다. 또한 서로 도와주는 과정을 통하여 학습 내용에 대한 전문가가 됨으로써 성적 향상과 함께 만족감을 느낄 수 있는 기회가 늘어나게 된다.

- 개별적인 피드백 제공 : 학생들에게 개별적인 피드백을 제공하여 학습에 대한 동기를 유발시킨다.

- 열정 보이기 : 학생들은 교수자의 열정적인 자세와 태도에 의해 학습에 대한 흥미와 관심을 가지게 된다. 학생들을 진정한 학습자로 만들기 위해서는 교수자의 열정적인 자세와 전문성으로부터 나오는 자신감은 필수다.

- 적절한 동기요인 제시 : 효과적인 학습을 위해서 교수자는 학생들의 특성에 따라 내적 동기와 외적 동기 요인을 적절히 제시할 수 있어야 한다.

행복은 나로부터 시작

즐거운 사람 옆에 있으면 즐거워진다. 신나는 사람 옆에 있으면 덩달아 신이 난다. 행복한 사람 옆에 있으면 행복해진다. 우울한 사람과 같이 있으면 우울해지고 슬픈 사람과 같이 있으면 슬퍼진다. 행복하기 위해선 인간관계에 투자해야 하고, 행복한 사람들과 같이 있어야 한다.

당신은 사람들과 말만 주고받는 것이 아니라 에너지, 감정, 기분도 서로 주고받기 때문에 당신이 행복해야만 당신 주변 사람들을 행복으로 감염시킬 수 있다.

직접 교수법으로부터 탈출

"Education is the power to think clearly,
the power to act well in the world's work,
and the power to appreciate life."
― Brigham Young

직접 교수법은 교수자 중심의 체계적인 교수학습 과정을 통해서 학생들이 어떠한 기술이나 지식을 얻도록 하는 방법이다. 직접 교수법의 특징은 교수자의 일방적인 지식 주입을 위주로 하여 교수자가 학생들의 반응에 대해서는 많은 관심을 가지지 않으며, 지나치게 분석적일 수도 있고 눈에 보이는 효과만을 추구하기 쉽다. 그렇기 때문에 교수자가 중심이 되는 수업에서는 학생들의 참여가 피동적일 수밖에 없다. 학생들에게 자율권과 선택권을 보장하며 학생들 중심으로 수업을 운영하는 것은 직접 교수법에서 탈출하는 최고의 방법이다. 직접 교수법에서 교수자의 역할은 티처Teacher보다는 퍼실리테이터Facilitator가 바람직하다.

퍼실리테이터의 역할

- 수업 목표 달성을 위해 다양한 팀 활동을 준비하고, 모든 팀 구성원들이 참여하고 몰입할 수 있도록 유도한다.
- 개인차를 극복하고 합의에 도달할 수 있도록 팀 토의를 지원한다.

- 프로세스에 초점을 맞추고, 계획된 진행 절차를 유지하며, 팀의 목표 달성을 위해 기법을 지원한다.
- 토론과 소통 기법의 올바른 사용을 지원한다.
- 개방적인 태도를 유지하고 적절한 피드백(학생들의 기분이 나쁘지 않도록 건설적인 비평)을 제공한다.
- 유머 감각을 유지하고 적극적으로 경청하며 눈맞춤Eye contact을 한다.
- 관심 사항과 문제를 표면으로 끌어내고 갈등을 해결하고 중재한다.
- 상황에 맞는 질문을 던지고 요점을 알기 쉽게 정리해 준다.
- 문제 해결을 위해 서로를 존중하는 수업 분위기를 조성하고 각자가 다양한 관점에서 생각과 의견을 발표할 수 있도록 보장해 준다.
- 학생들의 고유한 특성과 수업의 특성을 최대로 활용하고, 학생들이 더욱 적극적으로 수업에 참여하여 생생한 정보와 지식을 접할 수 있도록 유도한다.
- 학습 자료를 온라인 자료실에 미리 올려두어 학생들이 언제든지 선행 또는 후행 학습이 가능하도록 지원한다.
- 수업 내용과 관련된 학생들의 경험을 공유하도록 하여 강의 분위기를 친밀하게 만들고 중요한 콘셉트에 대한 이해를 높여준다.

효과적인 팀 프로젝트

> "There is an old saying that the course of civilization is a race between
> catastrophe and education. In a democracy such as ours,
> we must make sure that education wins the race."
> — John F. Kennedy

 학생들은 모든 팀 구성원들이 같은 점수를 받는 팀 프로젝트를 좋아하지 않는다. 하지만 팀 프로젝트는 학생들의 적극적인 참여를 유도하여 정적인 수업을 활기차게 만들어 주고, 효율적으로 운영하면 학생들끼리의 결속력을 높여주는 효과를 가져다 준다.

팀 프로젝트 운영 전략

- 성별, 학년, 전공, 학습 스타일, 성격 등을 고려하여 팀을 구성하여 준다. 구성된 팀의 진행 상황을 수시로 점검하여, 필요 시 팀 프로젝트가 원활히 진행될 수 있도록 지도한다.
- 과제에 대한 원칙이나 규정, 시간 등을 정확하게 알려주고, 위반 시 팀에게 주어지는 결과에 대해 미리 공지를 한다.
- 팀장을 팀원들이 선발해 책임감 있는 활동이 되도록 지도한다.
- 무임승차를 줄이고 프로젝트에 대한 책임감을 심어주기 위하여, 필요에 따라 각 팀원들에게 담당 역할(회의록 작성, 의견 조율, 일정 및 연락망,

정보 수집 등)을 정해 준다.

- 학생들이 효과적으로 시간과 에너지를 분배하여 팀 프로젝트에 임할 수 있도록 단계별 과제(문헌조사, 핵심명제, 프로젝트 아웃라인, 1차 초안, 2차 초안 등)를 내주고 건설적인 피드백을 제공한다.

- 교수자는 팀 프로젝트 활동에 대해, 무엇을 학습하고 어떻게 일을 분담 하였는가를 학습 일지에 기록하여 제출하도록 학생들을 지도한다. 학습 일지에는 날짜, 장소, 참석자, 학습 목표와 계획, 내용과 과정, 과제 분담, 성찰 등을 포함시킨다.

- 교수자는 각 팀마다 팀원 평가를 포함시켜, 팀원 각자가 학습 평가 보고서를 제출하도록 함으로써 다른 팀원과 자신의 학습활동을 비교해 보고, 자신의 학습 태도를 성찰해 볼 수 있는 기회를 제공해 준다.

- 학생들은 루브릭을 통하여 학습 결과로 무엇이 구체적으로 요구되는지 파악할 수 있다. 루브릭을 사용하여 학생들을 평가 과정에 참여시켜, 학습의 초점이 무엇인지 분명히 알려주고 자기 주도적으로 학습할 수 있도록 지도한다.

- 교수자가 항상 팀원들의 활동을 주시하고 있다는 것을 알려주어(게시판에 답글 달기, 메일 보내주기, 중간 과제 피드백 해주기, 팀별 모임에 참석하기 등) 활발한 활동을 유도한다.

정신 나간 사람

상대방에게 잘 보이려고, 인정받기 위해 별의별 행동을 다 하는 사람이 있다. 상대방에게 대접받아야 직성이 풀리는 사람도 있다.

이들의 공통점은 남을 의식한다는 것이다. 남을 의식한다는 말은 의식이 자신의 육체와 함께 있지 않고 남에게 가 있다는 말이다. 한마디로 '정신 나간 사람'이다. 정신이 나간 상태이기 때문에 상대방에게 진정성 있는 관심을 보이고 집중해야 좋은 관계가 성립된다는 중요한 사실을 인식하지 못하고 상대를 대충대충, 건성으로 대하면서 겉으로만 좋은 관계인 척 연기를 한다. 상대에 대한 충분한 이해와 신뢰를 구축하는 데 많은 에너지와 시간을 투자하는 게 아니라 가식, 거짓말, 허식, 집착을 가지고 자연스럽지 못한 연기를 하고 있으니 인간관계의 진정성은 사라질 수밖에 없다.

당신이 맺고 있는 관계의 질을 보면 당신의 삶이 보인다. 무엇인가를 받고 이용하기 위해 맺는 관계는 오래가지 못한다. 진실성이 결여되었기 때문이다. 대가와 조건이 없어야 인간관계가 지속되고 오래 유지될 수 있다.

팀 기반 학습 Team Based Learning

"Experience is the teacher of all things."
— Julius Caesar

팀 기반 학습에서 교수자는 협력적 학습 과정을 어떻게 평가할 것인지, 교과 지식 습득을 어떻게 평가할 것인지 판단하고, 적절한 평가 방법을 선택할 필요가 있다. 학습 과정 평가 방법으로는 포트폴리오 Portfolio 평가, 자기평가, 동료 평가, 관찰 평가 등이 있으며, 학습 결과 평가 방법으로는 퀴즈 Quiz, 개념도 그리기, 논술, 산출물, 시연, 발표, 시험 등이 있다. 발표 중심의 팀 기반 학습에서 주로 사용되는 평가 방법은 자기평가, 동료 평가(팀 내), 동료 평가(팀간) 등이 있으며, 최종 결과물을 평가할 때는 루브릭을 활용하는 것이 좋다. 자기평가는 학생들이 적극적으로 발전 과정을 모니터링 Monitoring 하며 자신의 지식, 태도, 성장 등을 관찰하는 자기주도적 평가 방법이다. 수업을 통해 배운 것, 잘한 것, 미흡한 것, 반성할 것 등을 점검함으로써 자신의 학습 정도를 평가할 수 있다. 동료 평가(팀 내)는 팀원의 수업 준비도, 학습 동기, 성실도, 다른 학생들과의 관계, 성취 수준 등을 평가하는 방법으로 다른 팀원들의 학습 방법을 보며 자신의 학습 방법을 교정하고, 팀 활동에 대한 책임감을 높일 수 있다. 동료 평가(팀간)은 다른 팀의 결과물을 평가하도록 하는 방법으로 학생들에게 전문가적 안목을 키우도록 도와준다. 상대팀 평가 시 평가 기준을 기술하게 하여 객관성을 유지하도록 지도한다.

지도교수님

"[Kids] don't remember what you try to teach them.
They remember what you are."
— Jim Henson

　삶 속에 수많은 선생님들이 있었지만 박사학위 지도 교수님이었던 Dr. Ellen A. Herda와의 만남은 나에게 큰 축복이었다. 항상 바쁘셨지만 종종 당신의 집에 초대하여 손수 저녁을 만들어 주시고, 내가 나중에 큰일을 해낼 사람이라고 관심과 격려를 아끼지 않으셨던 교수님. 방학 때마다 당신의 제자들을 데리고 지도에도 없는 라오스, 캄보디아, 태국, 베트남의 오지를 돌며 그곳의 소수민족들과 원주민들을 위해 학교를 세우고 열정적으로 봉사를 하셨던 교수님을 보면서 당시 진정한 가르침에 대해 많은 생각을 하게 되었음은 물론이고 살아있는 교육이란 무엇인지 온몸으로 느낄 수 있었다. 말로써 지식을 전달하는 것에 그치지 않고 직접 실행으로 보여 주시는 모습을 보며 나도 언젠가 교수님과 같은 사람이 되어야겠다고 다짐했던 기억이 난다. Dr. Ellen A. Herda는 우리 팀이 준비했던 발표를 보시고 수업 시간에 이런 말씀을 하신 적이 있다. "생각해보면 난 참 행복한 사람이야. 여러분 같은 멋진 사람들을 가르치고, 여러분을 통해 배우며, 또한 학교로부터 보수까지 받고 있으니 말이야."

기억에 남는 교수자

"I think you learn more if you're laughing at the same time."
— Mary Ann Shaffer

지난해 아카데미Academy Award 여우주연상을 누가 받았는지 기억하는가? 노벨Nobel Prize 평화상을 누가 받았는지 기억하는가? 전 세계에서 가장 부자가 누구인지 기억하는가? 대한민국 영화대상 수상자가 누구인지 기억하는가? 대한민국 문학상 수상자는? 대한민국 과학기술대상 수상자는? 미스유니버스Miss Universe에서 대상을 받은 사람은? 대한민국 국민훈장 대훈장을 받은 사람은? MIT대학교 총장은? 모나코Monaco 왕비는? 위의 사람들은 위대한 업적과 높은 위치에 있는 유명한 사람들이지만 당신이 그들의 이름을 기억해 내는 것은 쉽지 않을 것이다. 하지만 당신이 가장 좋아하고 존경하는 선생님은 어떤가? 쉽게 얼굴과 성함이 머릿속에 떠오르지 않는가? 왜일까? 그들의 가르침과 격려가 당신의 삶에 직·간접적으로 많은 영향을 미쳤기 때문 아닐까? 교수자의 업적과 지위는 사람들의 기억 속에 오래 남지 못한다. 오로지 받았던 따스한 말 한마디, 도움, 그리고 영향만이 오랫동안 가슴에 남아 기억될 뿐이다. 학생들의 기억에 오랫동안 남는 당신이 진정한 교수자다.

EPILOGUE

　교수자에게 요구되는 세 가지 부분(교육, 연구, 봉사) 중 무엇이 더 중요한지를 결정하는 것은 무의미하다. 전부 다 중요하기 때문이다. 어느 것 하나도 소홀히 할 수 없기 때문에 교수자의 어깨는 항상 책임감으로 무겁다. 특히 교육, 연구, 봉사뿐만 아니라 학교 행정까지도 신경을 써야 하는 교수자는 하루 열두 시간도 부족하다. 그뿐만이 아니다. 집에 돌아오면 아버지, 어머니의 페르소나를 가지고 가정생활도 해야 하고, 재충전을 위해 여가도 즐겨야 하는 교수자들의 삶은 끊임없는 시간과의 전쟁이라 볼 수 있다. 시간적 제한으로 교수자는 감당해야 하는 수많은 일 중 우선순위를 정한 후 가장 중요한 일부터 선택하고 집중해야 한다.

　많은 교수자들은 연구를 중요하게 여긴다. 정년보장을 위해, 진급을 위해, 연구실적은 실제로 중요하다. 봉사는 여력이 남으면 하는 옵션으로 여겨져 중요한 우선순위에서 항상 밀린다. 그렇다면 교육 부분은 어떤가? 교수자는 교육과 연구 사이에서 갈팡질팡하게 된다. 연구냐 교육이냐가 문제인 것이다. 아무리 뛰어난 교수자라도 주어진 시간 안에서 두 마리의 토끼를 다 잡기란 쉬운 일이 아니다. 오로지 실적을 위한, 영양가 없는 그들의 리그만을 위한 연구는 세상에 별다른 영향을 끼치지 못하고 사장된다. 이러한 논문을 쓰기 위해 쓰여진 교수자의 시간과 관심은 당연히 학생들의 희생을 대가로 한다. 학생들의 학습을 위해 온전하게 쓰여야 할 시간과 열정이 다른 곳으로 흘러 낭비되는 것이다. 이러한 현상은 학생들은 물론 나아가 대학과 국가 경쟁력에도 큰 마이너스 요소로 작용한다.

 학생 없이도 교수자는 연구와 봉사를 할 수 있지만 학생 없는 교육은 불가능하다. 당신이 수많은 직업 중에서 교육자의 길을 선택한 이유는 무엇인가? 자기 자녀를 소중히 여기고 돌보듯 학생들을 정성을 다해 지도하고 잘 가르쳐야 하는 게 교수자의 가장 기본적이고 중요한 임무자 책임이다. 본인의 임무를 수행하지 않는 교수자는 모두 직무 유기자다. 법적으로 처벌 대상은 아니지만 윤리적, 양심적으로는 큰 처벌 대상이다. 교수자가 가장 아름다울 때는 학생들을 가르칠 때다. 방송에 출연하며 연예인 행세를 하고 있을 때보다, 잘나가는 기업의 사외 이사 자리에 앉아 있을 때보다 교수자는 학생들의 머리와 가슴 안을 마구 헤집고 다닐 때 가장 빛나고 아름답다. 기본적인 임무에 충실하면서 다른 추가적인 임무를 수행해야지, 기본적인 임무에 태만하면서까지 다른 것에 전념 하는 교수자의 모습을 학생들이 어떻게 바라보고 받아들일지 진지하게 생각해 봐야 할 것이다.

 티칭 퀄리티Teaching Quality는 경력으로 보장되는 것이 아니다. 오랫동안 교직에 몸담고, 전문 지식이 풍부하다고 자동적으로 잘 가르치는 교수자가 되는 것은 아니다. 이론적 교수 역량은 훌륭하지만 실천적 교수 역량이 부족할 수도 있기 때문이다. 그렇기 때문에 교수자는 실천적 교수 역량을 어떻게 향상시킬지 항상 숙고하고 다양한 방법을 적극적으로 찾아야 한다. 학생들에 대한 사랑을 키우고, 가르침에 대한 확고한 목표와 의미를 찾고, 학습 중심적인 사고를 가지며 교수법에 대한 새로운 아이디어를 습득하고, 새로운 교수법을 시도해 보며, 학생들의 학습에 미치는 영향을 분석하고, 새로 시도한 교수법의 효과성을 평가하고, 더 배우고 습득해야 할 아이디어나 방법은 무엇인지 고민해야 한다.

 새로운 방법을 시도하기 위해서는 용기가 필요하다. 지금까지 해오던 익숙하고 편한 방식에서 벗어나 생소하고 불편한 방식을 선뜻 시도하기란 쉬운 일은 아니다. 하지만 사회는 급속하게 변화하고 있다. 이런 변화에 교수자도 능동적으로 대처해야 한다. 매너리즘mannerism에 빠져 현실에 안주하고, 편한 것만 추구하는 사람들은 성장할 수 없다. 타성에 젖어 있는 나태한 교수자들은 학생들의 눈을 절대로 피해 갈 수 없다. 익숙하지 않는 어떤 것에 대한 과감한 시도와 도전은 그 자체만으로도 충분히 아름다운 것이다. 이 책을 읽으며 자신의 교육철학과 교수법을 되돌아보는 소중한 성찰의 시간을 갖기 바란다. 모든 문제들을 단 한 번에 풀 수 있는 마술 같은 해결책은 이 세상에 존재하지 않는다. 하지만 최선의 그리고 최적의 해법은 누구보다 자기 자신이 더 잘 알고 있기 때문에 무엇을, 언제, 어떻게, 왜 해야 하는지는 당신이 온전히 판단하고, 결정하고, 실행에 옮기도록 한다.

대한민국 교육기본법 [법률 제11690호]

제1장 총칙

제1조(목적) 이 법은 교육에 관한 국민의 권리·의무 및 국가·지방자치단체의 책임을 정하고 교육제도와 그 운영에 관한 기본적 사항을 규정함을 목적으로 한다.

제2조(교육이념) 교육은 홍익인간의 이념 아래 모든 국민으로 하여금 인격을 도야하고 자주적 생활능력과 민주시민으로서 필요한 자질을 갖추게 함으로써 인간다운 삶을 영위하게 하고 민주국가의 발전과 인류공영의 이상을 실현하는 데에 이바지하게 함을 목적으로 한다.

제3조(학습권) 모든 국민은 평생에 걸쳐 학습하고, 능력과 적성에 따라 교육받을 권리를 가진다.

제4조(교육의 기회균등) ① 모든 국민은 성별, 종교, 신념, 인종, 사회적 신분, 경제적 지위 또는 신체적 조건 등을 이유로 교육에서 차별을 받지 아니한다.
② 국가와 지방자치단체는 학습자가 평등하게 교육을 받을 수 있도록 지역 간의 교원 수급 등 교육 여건 격차를 최소화하는 시책을 마련하여 시행하여야 한다.

제5조(교육의 자주성 등) ① 국가와 지방자치단체는 교육의 자주성과 전문성을 보장하여야 하며, 지역 실정에 맞는 교육을 실시하기 위한 시책을 수립·실시하여야 한다.
② 학교운영의 자율성은 존중되며, 교직원·학생·학부모 및 지역주민 등은 법령으로 정하는 바에 따라 학교운영에 참여할 수 있다.

제6조(교육의 중립성) ① 교육은 교육 본래의 목적에 따라 그 기능을 다하도록 운영되어야 하며, 정치적·파당적 또는 개인적 편견을 전파하기 위한 방편으로 이용되어서는 아니 된다.
② 국가와 지방자치단체가 설립한 학교에서는 특정한 종교를 위한 종교교육을 하여서는 아니 된다.

제7조(교육재정) ① 국가와 지방자치단체는 교육재정을 안정적으로 확보하기 위하여 필요한 시책을 수립·실시하여야 한다.
② 교육재정을 안정적으로 확보하기 위하여 지방교육재정교부금 등에 관하여 필요한 사항은 따로 법률로 정한다.

제8조(의무교육) ① 의무교육은 6년의 초등교육과 3년의 중등교육으로 한다.
② 모든 국민은 제1항에 따른 의무교육을 받을 권리를 가진다.

제9조(학교교육) ① 유아교육·초등교육·중등교육 및 고등교육을 하기 위하여 학교를 둔다.
② 학교는 공공성을 가지며, 학생의 교육 외에 학술 및 문화적 전통의 유지·발전과 주민의 평생교육을 위하여 노력하여야 한다.
③ 학교교육은 학생의 창의력 계발 및 인성 함양을 포함한 전인적 교육을 중시하여 이루어져야 한다.
④ 학교의 종류와 학교의 설립·경영 등 학교교육에 관한 기본적인 사항은 따로 법률로 정한다.

제10조(사회교육) ① 국민의 평생교육을 위한 모든 형태의 사회교육은 장려되어야 한다.
② 사회교육의 이수는 법령으로 정하는 바에 따라 그에 상응하는 학교교육의 이수로 인정될 수 있다.
③ 사회교육시설의 종류와 설립·경영 등 사회교육에 관한 기본적인 사항

은 따로 법률로 정한다.

제11조(학교 등의 설립) ① 국가와 지방자치단체는 학교와 사회교육시설을 설립·경영한다.

② 법인이나 사인은 법률로 정하는 바에 따라 학교와 사회교육시설을 설립·경영할 수 있다.

제2장 교육당사자 〈개정 2007.12.21〉

제12조(학습자) ① 학생을 포함한 학습자의 기본적 인권은 학교교육 또는 사회교육의 과정에서 존중되고 보호된다.

② 교육내용·교육방법·교재 및 교육시설은 학습자의 인격을 존중하고 개성을 중시하여 학습자의 능력이 최대한으로 발휘될 수 있도록 마련되어야 한다.

③ 학생은 학습자로서의 윤리의식을 확립하고, 학교의 규칙을 준수하여야 하며, 교원의 교육·연구활동을 방해하거나 학내의 질서를 문란하게 하여서는 아니 된다.

제13조(보호자) ① 부모 등 보호자는 보호하는 자녀 또는 아동이 바른 인성을 가지고 건강하게 성장하도록 교육할 권리와 책임을 가진다.

② 부모 등 보호자는 보호하는 자녀 또는 아동의 교육에 관하여 학교에 의견을 제시할 수 있으며, 학교는 그 의견을 존중하여야 한다.

제14조(교원) ① 학교교육에서 교원의 전문성은 존중되며, 교원의 경제적·사회적 지위는 우대되고 그 신분은 보장된다.

② 교원은 교육자로서 갖추어야 할 품성과 자질을 향상시키기 위하여 노력하여야 한다.

③ 교원은 교육자로서의 윤리의식을 확립하고, 이를 바탕으로 학생에게 학

습윤리를 지도하고 지식을 습득하게 하며, 학생 개개인의 적성을 계발할 수 있도록 노력하여야 한다.
④ 교원은 특정한 정당이나 정파를 지지하거나 반대하기 위하여 학생을 지도하거나 선동하여서는 아니 된다.
⑤ 교원은 법률로 정하는 바에 따라 다른 공직에 취임할 수 있다.
⑥ 교원의 임용·복무·보수 및 연금 등에 관하여 필요한 사항은 따로 법률로 정한다.
제15조(교원단체) ① 교원은 상호 협동하여 교육의 진흥과 문화의 창달에 노력하며, 교원의 경제적·사회적 지위를 향상시키기 위하여 각 지방자치단체와 중앙에 교원단체를 조직할 수 있다.
② 제1항에 따른 교원단체의 조직에 필요한 사항은 대통령령으로 정한다.
제16조(학교 등의 설립자·경영자) ① 학교와 사회교육시설의 설립자·경영자는 법령으로 정하는 바에 따라 교육을 위한 시설·설비·재정 및 교원 등을 확보하고 운용·관리한다.
② 학교의 장 및 사회교육시설의 설립자·경영자는 법령으로 정하는 바에 따라 학습자를 선정하여 교육하고 학습자의 학습성과 등 교육의 과정을 기록하여 관리한다.
③ 학교와 사회교육시설의 교육내용은 학습자에게 미리 공개되어야 한다.
제17조(국가 및 지방자치단체) 국가와 지방자치단체는 학교와 사회교육시설을 지도·감독한다.

제3장 교육의 진흥

제17조의2(남녀평등교육의 증진) ① 국가와 지방자치단체는 남녀평등정신을 보다 적극적으로 실현할 수 있는 시책을 수립·실시하여야 한다.

② 국가 및 지방자치단체와 제16조에 따른 학교 및 사회교육시설의 설립자·경영자는 교육을 할 때 합리적인 이유 없이 성별에 따라 참여나 혜택을 제한하거나 배제하는 등의 차별을 하여서는 아니 된다.
③ 제1항에 따른 시책에는 체육·과학기술 등 여성의 활동이 취약한 분야를 중점 육성할 수 있는 교육적 방안이 포함되어야 한다.
④ 학교교육에서 남녀평등을 증진하기 위한 학교교육과정의 기준과 내용 등 대통령령으로 정하는 사항에 관한 교육부장관의 자문에 응하기 위하여 남녀평등교육심의회를 둔다.
⑤ 제4항에 따른 남녀평등교육심의회 위원의 자격·구성·운영 등에 필요한 사항은 대통령령으로 정한다.

제17조의3(학습윤리의 확립) 국가와 지방자치단체는 모든 국민이 학업·연구·시험 등 교육의 모든 과정에 요구되는 윤리의식을 확립할 수 있도록 필요한 시책을 수립·실시하여야 한다.

제17조의4(건전한 성의식 함양) ① 국가와 지방자치단체는 학생의 존엄한 성(性)을 보호하고 학생에게 성에 대한 선량한 정서를 함양시킬 수 있도록 필요한 시책을 수립·실시하여야 한다.
② 제1항에 따른 시책에는 학생 개인의 존엄과 인격이 존중될 수 있는 교육적 방안과 남녀의 성 특성을 고려한 교육·편의시설 마련 방안이 포함되어야 한다.

제18조(특수교육) 국가와 지방자치단체는 신체적·정신적·지적 장애 등으로 특별한 교육적 배려가 필요한 자를 위한 학교를 설립·경영하여야 하며, 이들의 교육을 지원하기 위하여 필요한 시책을 수립·실시하여야 한다.

제19조(영재교육) 국가와 지방자치단체는 학문·예술 또는 체육 등의 분야에서 재능이 특히 뛰어난 자의 교육에 필요한 시책을 수립·실시하여야 한다.

제20조(유아교육) 국가와 지방자치단체는 유아교육을 진흥하기 위하여 필요한 시책을 수립·실시하여야 한다.
제21조(직업교육) 국가와 지방자치단체는 모든 국민이 학교교육과 사회교육을 통하여 직업에 대한 소양과 능력을 계발하기 위한 교육을 받을 수 있도록 필요한 시책을 수립·실시하여야 한다.
제22조(과학·기술교육) 국가와 지방자치단체는 과학·기술교육을 진흥하기 위하여 필요한 시책을 수립·실시하여야 한다.
제22조의2(학교체육) 국가와 지방자치단체는 학생의 체력 증진과 체육활동 장려에 필요한 시책을 수립·실시하여야 한다.
제23조(교육의 정보화) 국가와 지방자치단체는 정보화 교육 및 정보통신매체를 이용한 교육을 지원하고 교육정보산업을 육성하는 등 교육의 정보화에 필요한 시책을 수립·실시하여야 한다.
제23조의2(학교 및 교육행정기관 업무의 전자화) 국가와 지방자치단체는 학교 및 교육행정기관의 업무를 전자적으로 처리할 수 있도록 필요한 시책을 마련하여야 한다.
제23조의3(학생정보의 보호원칙) ① 학교생활기록 등의 학생정보는 교육적 목적으로 수집·처리·이용 및 관리되어야 한다.
② 부모 등 보호자는 자녀 등 피보호자에 대한 제1항의 학생정보를 제공받을 권리를 가진다.
③ 제1항에 따른 학생정보는 법률로 정하는 경우 외에는 해당 학생(학생이 미성년자인 경우에는 학생 및 학생의 부모 등 보호자)의 동의 없이 제3자에게 제공되어서는 아니 된다.
제24조(학술문화의 진흥) 국가와 지방자치단체는 학술문화를 연구·진흥하기 위하여 학술문화시설 설치 및 연구비 지원 등의 시책을 수립·실시하여야

한다.

제25조(사립학교의 육성) 국가와 지방자치단체는 사립학교를 지원·육성하여야 하며, 사립학교의 다양하고 특성 있는 설립목적이 존중되도록 하여야 한다.

제26조(평가 및 인증제도) ① 국가는 국민의 학습성과 등이 공정하게 평가되어 사회적으로 통용될 수 있도록 학력평가와 능력인증에 관한 제도를 수립·실시할 수 있다.

② 제1항에 따른 평가 및 인증제도는 학교의 교육과정 등 교육제도와 상호 연계되어야 한다.

제26조의2(교육 관련 정보의 공개) ① 국가와 지방자치단체는 국민의 알 권리와 학습 권을 보장하기 위하여 그 보유·관리하는 교육 관련 정보를 공개하여야 한다.

② 제1항에 따른 교육 관련 정보의 공개에 관한 기본적인 사항은 따로 법률로 정한다.

제27조(보건 및 복지의 증진) ① 국가와 지방자치단체는 학생과 교직원의 건강 및 복지를 증진하기 위하여 필요한 시책을 수립·실시하여야 한다.

② 국가 및 지방자치단체는 학생의 안전한 주거환경을 위하여 학생복지주택의 건설에 필요한 시책을 수립·실시하여야 한다.

제28조(장학제도 등) ① 국가와 지방자치단체는 경제적 이유로 교육받기 곤란한 자를 위한 장학제도와 학비보조제도 등을 수립·실시하여야 한다.

② 국가는 다음 각 호의 자에게 학비나 그 밖에 필요한 경비의 전부 또는 일부를 보조할 수 있다.

1. 교원양성교육을 받는 자
2. 국가가 특히 필요로 하는 분야를 국내외에서 전공하거나 연구하는 자.

③ 제1항 및 제2항에 따른 장학금 및 학비보조금 등의 지급 방법 및 절차, 지

급받을 자의 자격 및 의무 등에 관하여 필요한 사항은 대통령령으로 정한다.
제29조(국제교육) ① 국가는 국민이 국제사회의 일원으로서 갖추어야 할 소양과 능력을 기를 수 있도록 국제화 교육에 노력하여야 한다.
② 국가는 외국에 거주하는 동포에게 필요한 학교교육 또는 사회교육을 실시하기 위하여 필요한 시책을 마련하여야 한다.
③ 국가는 학문연구를 진흥하기 위하여 국외유학에 관한 시책을 마련하여야 하며, 국외에서 이루어지는 우리나라에 대한 이해와 우리 문화의 정체성 확립을 위한 교육·연구활동을 지원하여야 한다.
④ 국가는 외국정부 및 국제기구 등과의 교육협력에 필요한 시책을 마련하여야 한다.

출처 : 법제처 국가법령정보센터